Ann Larås
Italienische Gärten

Ann Larås
Italienische Gärten

aus dem Englischen von Susanne Stopfel und Ulrike Stopfel

Inhalt

Latium 18

Kampanien 72

Toskana 100

Vorwort VON ANN LARÅS

Durch dieses Buch möchte ich meine Freude an italienischen Gärten mit anderen teilen. Ich habe die Gärten, die auf den folgenden Seiten beschrieben werden, in Übereinstimmung mit verschiedenen italienischen Landstrichen zu sechs Gruppen zusammengefasst: von den Seen im Norden bis zur Küste von Amalfi im Süden – Latium, Campagna, Toskana, Veneto, Ligurien und die Lombardei mit Piemont. Sie stellen einen Überblick über die grünen Schätze dar, die im Verlauf eines halben Jahrtausends in Italien entstanden, von den Renaissanceentwürfen des sechzehnten Jahrhunderts zu den modernen Anlagen des Einundzwanzigsten.

So finden sich zum Beispiel in der Nähe Roms die großen Wassergärten der Renaissance, darunter Pirro Ligorios spektakuläre Villa d'Este, aber daneben gibt es auch Russell Pages blühenden Landschaftsgarten aus dem zwanzigsten Jahrhundert. Der Abschnitt über die Toskana berücksichtigt natürlich die großen Villen der Medici, ebenso werden aber auch Beispiele für die abwechslungsreichen Gärten aufgeführt, die der produktive und vielseitige Pietro Porcinai im Lauf des zwanzigsten Jahrhunderts rings um Florenz anlegte. Im Kapitel über das Veneto habe ich besonderes Gewicht auf die Giardini Giusti in Verona gelegt, aber auch einen palladianischen Landsitz, die Villa Barbaro bei Maser, sowie den betont modernen Garten der Fondazione Querini Stampali in Venedig mit aufgenommen, den Carlo Scarpa in den fünfziger Jahren des zwanzigsten Jahrhunderts schuf.

Dieses Buch erhebt nicht den Anspruch, eine umfassende Studie zu sein. Dreißig Parks und Gärten finden Sie ausführlich erörtert und dreißig weitere werden kürzer beschrieben. Aus Platzgründen entfielen zu meinem großen Bedauern viele weitere prachtvolle Exemplare. Ich hoffe, dass ich zu einem späteren Zeitpunkt noch Gelegenheit haben werde, auch sie zu beschreiben. Ausschlaggebend für die Aufnahme einer Gartenanlage in dieses Buch war nicht nur ihre Schönheit sondern auch der derzeitige Zustand, ob sie für die Öffentlichkeit zugänglich ist und inwieweit sie als repräsentativ für die Entstehungszeit gelten kann. Natürlich haben auch meine eigenen Vorlieben und Interessen eine Rolle gespielt.

Meine Recherchen haben mich auf eine Reise durch die Geschichte und Botanik des Gartens geführt, mit Exkursionen in Geschichte, Kunst und Philosophie. Viele der Landsitze und ihre Gärten liegen in unzugänglichen Gegenden, die zugleich jedoch zu den landschaftlich schönsten Regionen Italiens gehören – an Berghängen und in Schluchten, oft auch hoch oben auf Bergkuppen mit einem wundervollem Fernblick über Ackerland, Wälder oder das Wasser. Und auf Nebenstraßen durch die italienische Landschaft zu fahren, vorbei an Weinbergen, Getrei-

Gegenüber: Im Juni, um das Fest Fronleichnam herum, verwandelt sich die abfallende Hauptstraße des Ortes Genzano di Roma in einen Blumenteppich, für den fünfzig Tonnen Blüten zu aufwändigen Mustern angeordnet werden.

defeldern und von Mohnblumen bedeckten Hügeln, ist in sich selbst bereits ein unvergessliches Erlebnis.

Die Italiener haben ein sehr enges Verhältnis zu Pflanzen. Blumen spielen bei festlichen Anlässen – bei privaten Partys und religiösen Feierlichkeiten, bei Hochzeiten, Beerdigungen und Firmungen – eine wichtige Rolle, aber ebenso sind sie Teil des Alltagslebens. In jedem Dorf und jeder Stadt sieht man üppig mit Blumen geschmückte Balkons und Terrassen mit Zitrusbäumchen. Oft ist die Haustür von strahlend rosafarbenen Bougainvillea oder duftendem Jasmin gerahmt; Efeu bedeckt die Mauern oder zieht sich an Baumstämmen hinauf. Selbst wenn man durch eine geschäftige Stadt geht, kann man unversehens auf einen Feigenbaum stoßen, der sich in einer Spalte zwischen Pflaster und Hausmauer angesiedelt hat.

Eine meiner schönsten Erinnerungen im Zusammenhang mit Blumen ist der zufällige Besuch des am besten erhaltenen antiken Gebäudes in Rom, des Pantheon. Als ich eintrat, war gerade eine Messe mit wundervoller Musik im Gang, und am Ende der Zeremonie regneten aus der neun Meter weiten Öffnung in der Kuppel Tausende von Rosenknospen auf die Gläubigen hinab. Es war eine bezaubernde Überraschung. Eine weitere Erinnerung habe ich mir aus der Stadt Genzano in den Albaner Bergen bewahrt, wo sich alljährlich Menschen aus aller Welt zum Blumenfest treffen. Die lange Hauptstraße, die zur Piazza vor der Kirche hinaufführt, war der italienischen Tradition entsprechend mit einem Teppich aus Blüten geschmückt, die zu komplizierten Mustern angeordnet waren.

Im Zuge meiner Recherchen habe ich Experten und Gärtner interviewt und viele enthusiastische Eigentümer kennen gelernt. Viele der Villen sind seit Jahrhunderten im Besitz einundderselben Familie; oft sind die heutigen Hausherren Nachkommen des Kardinals oder Papstes, Geschäftsmanns oder Diplomaten, eingewanderten Briten oder Amerikaners, der den Garten seinerzeit schuf. Ich hatte viele Fragen, die nach Antwort verlangten. Wie ist es möglich, einen Garten über ein halbes Jahrtausend hinweg zu bewahren? Welche Motivation steckt hinter dieser harten und manchmal undankbaren Arbeit? Woher kommen das nötige Wissen, Geld und Energie, um einen historischen Garten zu erhalten? Die Antworten waren stets interessant und regten zum Nachdenken an; manchmal waren sie überraschend.

Der lange Kanal der Hadriansvilla. Der römische Kaiser Hadrian schuf den Garten seines Landsitzes in Tivoli östlich von Rom in den Jahren 123–134 n. Chr.

Ich hoffe, dass Sie dieses Buch inspirierend finden werden und dass Sie beim Lesen ebenso viel Freude haben wie ich beim Recherchieren und Schreiben.

DIE GÄRTEN DER ANTIKE

Wenn man den italienischen Renaissancegarten verstehen will, muss man zunächst einen kurzen Blick auf die Gärten des Römischen Reiches werfen, die ihnen als Grundlage und Inspiration dienten. Die römischen Gärten wiederum nahmen Elemente der älteren Traditionen des Nahen Ostens, des hellenistischen Gartens und des persischen Jagdparks, des Paradiesgartens oder *paradeisoi* (nach den altpersischen Worten *pairi*, „umschlossen", und *daeza*, „Mauer") auf und verschmolzen sie zu einem Ganzen, das unverwechselbar römisch war.

Es gab zwei Haupttypen des römischen Gartens. Da war zum einen der in die Landschaft hineingesetzte Landhausgarten, zum Beispiel der Garten der Villa Kaiser Hadrians in Tivoli bei Rom. Zum anderen gab es den Peristylgarten, einen von einem überdachten Säulengang umgebenen Gartenhof, der fester Bestandteil des römischen Stadthauses war und fast einen weiteren Wohnraum darstellte. Im Folgenden werde ich einen detaillierten Blick auf einige herausragende Beispiele römischer Gärten werfen: den Garten der Villa der Livia in Prima Porta nördlich von Rom und die Gärten von Pompeji. Beide Stätten können heute besucht und studiert werden.

DIE VILLA DER LIVIA

Die Villa der Livia, der Tradition zufolge das Haus der Livia Drusilla (58 v. Chr.–29 n. Chr.), der Gemahlin des Kaisers Augustus, liegt auf einem Hügel einige Kilometer nördlich von Rom im heutigen Vorort Prima Porta. Der kaiserliche Landsitz wurde auf einem Plateau angelegt, von dem sich ein weiter Blick über die Landschaft und das in der Ferne sichtbare Rom bot. Bereits im Jahr 1863 wurde mit der Ausgrabung begonnen. 1982 entdeckten italienische Archäologen das Peristyl; 1997–98 erfolgte die Ausgrabung durch schwedische Archäologen in Zusammenarbeit mit der Denkmalschutzbehörde Sopraintendenza Archeologica in Rom.

Die Villa Livias war auch als die *villa ad gallinas albas* (dt. „Landhaus bei den weißen Hühnchen") bekannt. Die dazugehörige Geschichte findet sich bei Plinius dem Älteren (23–79 n. Chr.) in seiner Naturgeschichte *Naturalis Historia*. Der Legende zufolge ließ ein über den Garten hinwegfliegender Adler seine Beute fallen – ein weißes Hühnchen, *gallina alba*, mit einem Lorbeerzweig im Schnabel. Der Zweig fiel der jung verheirateten Livia in den Schoß, die ihn als ein Omen auffasste. Aus dem Hühnchen wurde ein Hühnerhof, aus dem Lorbeerzweig ein Hain von Lorbeerbäumen. Aus den Zweigen dieser Bäume wand man die Kränze, mit denen im Triumphzug heimkehrende siegreiche Generäle gekrönt wurden.

Man kann sich leicht vorstellen, wie Kaiserin Livia aus einem der umgebenden Räume in ihren kleinen Peristylgarten hinaussah. Das Peristyl ist nur etwa 55 Quadratmeter groß. Marmorsäulen im ionischen Stil, wahrscheinlich je sieben an den Längs- und fünf an den Querseiten, rahmten einen zentralen Innenhof. Immergrüne Pflanzen wie Buchsbaum, Myrte, Lorbeer und Efeu spielten eine wichtige Rolle in römischen Gärten, und es ist anzunehmen, dass Livias kleiner Garten eine formale Anlage mit einem Pfad und beschnittenen Buchsbaumhecken war, mit Statuen und vielleicht auch mit einigen Oleanderbüschen geschmückt. Ein in der Mitte des Gartens entdeckter Sockel trug wahrscheinlich einmal einen Springbrunnen. Vermutlich war der Garten mit kleinen Bäumen bepflanzt; vielleicht rankten sich auch Kletterpflanzen an den Säulen hinauf. Zitrusbäume in Töpfen könnten dazugehört haben und möglicherweise Veilchen oder ein Rosenbusch.

Die Archäologen haben in Livias Garten die Trümmer von etwa sechzig Pflanzgefäßen entdeckt, die zwei Grundtypen angehören. Der erste Typus hatte ein einzelnes Loch im Boden und nahm vermutlich die zuvor in Saatbeeten gezogenen Pflanzen auf. Beim zweiten Typus waren neben dem Loch im Boden drei weitere Löcher in der Wandung. Man nimmt an, dass diese Töpfe zur Vermehrung genutzt wurden. Ein Zweig könnte in einen mit Erde gefüllten Topf eingebettet worden sein. Sobald er Wurzeln entwickelt hatte, wurde der Zweig mitsamt dem Topf in die Erde gesetzt.

Ein Fresko aus der Villa der Livia, entstanden im ersten vorchristlichen Jahrhundert. Insgesamt vier Wandgemälde zieren die Wände des bemerkenswerten unterirdischen Speisezimmers in der Villa der Livia in Prima Porta. Sie zeigen paradiesische Gartenlandschaften mit Pflanzen, kleinen Bäumen und exotischen Vögeln. Eine im Jahr 2003 durchgeführte botanische Analyse ergab, dass vierundzwanzig verschiedene Pflanzen dargestellt sind: Erdbeerbaum (*Arbutus unedo*), Lorbeer (*Laurus nobilis*), Oleander (*Nerium oleander*), Steineiche (*Quercus ilex*), Stieleiche (*Q. robur*), Kornelkirsche (*Cornus mas*), Myrte (*Myrtus communis*), Hirschzunge (*Asplenium scolopendrium*), Hainveilchen (*Viola riviniana*), Goldblume (*Chrysanthemum coronarium*), Stinkende Hundskamille (*Anthemis cotula*), Mittelmeerzypresse (*Cupressus sempervirens*), Quitte (*Cydonia oblonga*), Pinie (*Pinus pinea*), Granatapfel (*Punica granatum*), Schlafmohn (*Papaver somniferum*), Kohlrose (*Rosa centifolia*) und Dattelpalme (*Phoenix dactylifera*).

Zu den bedeutendsten Funden in der Villa der Livia gehören die wundervollen Fresken mit ihren blühenden Landschaften voll exotischer Vögel (sowie einem grazilen Vogelkäfig), die das unterirdische Speisezimmer oder *triclinium* schmückten. Sie wurden bereits 1863 entdeckt und 1955 in das Museo Nazionale gebracht, das sich heute im Palazzo Massimo alle Terme in Rom befindet.

Ein Stück vom Haus entfernt liegt ein größerer Garten. Die nordöstliche Ecke dieser so genannten Gartenterrasse wurde in den Jahren 1997–99 ausgegraben, und eine Fläche von über 280 Quadratmetern eingehend untersucht. Hier fand man kleine Keramik-, Ziegel- und Stucktrümmer, Überreste von Wurzeln, Amphoren, dünnwandigem Tongeschirr und Lampen sowie einige Gegenstände aus Metall. Auch Muscheln fanden sich in der Erde; vermutlich sollten sie die Drainageeigenschaften des Bodens verbessern. In derselben Ecke des Gartens entdeckten die Archäologen auch Mauerreste und Anzeichen dafür, dass hier einmal ein Portikus gestanden hatte. Die geophysische Untersuchung zeigte drei parallel geführte Mauern mit dazwischen verlaufenden Kanälen. Es gibt Abteile, die vermutlich Beete enthielten, und Hinweise auf die Existenz von drei Apsiden. Wahrscheinlich gab es auch einen hängenden Garten; bewässert wurde er wohl durch

ein Aquädukt, das man von dem Hügel nördlich der Villa herangeführt hatte. Das Aquädukt wurde entdeckt, als man den Tunnel für die moderne Via Flaminia durch den Hügel führte.

IN ASCHE BEWAHRT

Es geschah im Jahr 79 n. Chr., zu Beginn der Herrschaft des neuen Kaisers Titus – ein furchtbarer Vulkanausbruch zerstörte die Stadt Pompeji nördlich von Neapel. Der Ort wurde vollkommen unter Asche, Stein und Lava begraben. Ironischerweise hat die Katastrophe, die Pompeji zerstörte, die Stadt zugleich bewahrt. Dank des Vulkans haben wir heute eine so klare Vorstellung vom Aussehen der Stadt Pompeji im ersten nachchristlichen Jahrhundert. Als die Archäologen Mitte des achtzehnten Jahrhunderts mit der Ausgrabung begannen, wurde deutlich, dass sich unter der Asche und der Lava Häuserfundamente, Gegenstände und Gemälde erhalten hatten. Das Amphitheater und die Tempel wurden ausgegraben, dazu Privathäuser, Werkstätten, Läden, Bäckereien, Kneipen. Faszinierende Entdeckungen wurden gemacht, darunter ausgeklügelte hydraulische Anlagen und die prachtvollen Fresken mit üppigen Darstellungen von exotischen Pflanzen und Vögeln in kräftigen Pigmenten, pompejanischem Rot und Himmelblau.

Oben links: Ein Wandgemälde mit einer Girlande in der reich geschmückten Mysterienvilla auf einem Hang oberhalb von Pompeji.
Oben rechts: Das Atrium eines pompejanischen Hauses mit dem quadratischen Auffangbecken für das Regenwasser in der Mitte. Das Empfangszimmer dahinter öffnet sich auf den Peristylgarten.

An diesem Tag Mitte März des Jahres 2004 ist es auf den pompejanischen Grabungsstätten weder zu heiß noch zu kalt. Ein paar Touristen sind mit ihrem Führer unterwegs. Die Erde erwacht zum Leben; Narzissen blühen unter den Apfelbäumen auf einem sanft geneigten Hang. Die Mauern aus römischer Zeit sind in Gefahr, von dem an den Ruinen hinaufkletternden Efeu zerstört zu werden. Bedauerlich, dass seine kräftigen Wurzeln den uralten Stein sprengen, so schön die überwucherten Mauern auch anzusehen sind. Rosmarin blüht auf den Hängen, und unten am Amphitheater wurde ein Weinberg angepflanzt; die Trauben gehören zu den Sorten, die auch die alten Römer kultivierten. Im Licht der tief stehenden Morgensonne sehen die Stützenreihen geradezu elegant aus.

Die treibende Kraft hinter den neuen Anpflanzungen und den Ausgrabungen hier in Pompeji ist zugleich eine der führenden Fachwissenschaftlerinnen auf dem Gebiet der Gartenarchäologie: die amerikanische Professorin Wilhelmina Jashemski von der Universität Maryland. Jashemski hat seit den siebziger Jahren hier Ausgrabungen geleitet und die Gärten von Pompeji studiert. Dabei fand sie die Überreste von 450 Privatgärten und öffentlichen Grünanlagen. Pompeji war eine grüne Stadt.

Die Peristylgärten, die man in vielen Privathäusern des Stadtzentrums sehen kann, geben einen Eindruck davon, wie ein römischer Garten des ersten nachchristlichen Jahrhunderts ausgesehen hat. Oft waren die Häuser so angelegt, dass sie einen Blick durch das gesamte Gebäude gestatteten. Hinter der Haustür öffnete sich zunächst ein Vorhof, das *atrium*, in dessen Mitte ein viereckiges Becken (*impluvium*) das Regenwasser auffing, das durch die Öffnung in der Decke (*compluvium*) herabströmte. Danach wurde das Wasser in einer Zisterne (*puteus*) gesammelt und im ganzen Haus verwendet. Auf den Steinplatten des Bodens könnten ein paar Pflanzen in Töpfen gestanden haben. Die rings um das Atrium gelegenen kleinen Räume (*cubiculae*) dienten oft als Schlafzimmer. Die Wände des Atriums waren in der Regel mit Fresken geschmückt; oft versuchte man den Garten mit Hilfe der Wandmalereien bis ins Haus hinein zu erweitern. Diese *trompe-l'oeil*-Technik (Illusionsmalerei) wurde auch in der Renaissance wieder verwendet. Manch-

 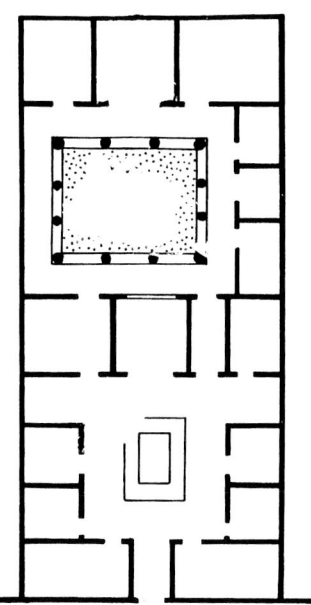

mal gab man sich nicht damit zufrieden, Springbrunnen, Fischteiche, Bäume, Vögel und Blumen darzustellen, sondern schuf ganze Landschaften mit Bergen, Seen und wilden Tieren.

Über den Empfangsraum – *tablinum* – erreiche ich das Peristyl, den „geselligen" Bereich des Hauses. Das Speisezimmer – *triclinium* – und die Gästezimmer – *oeci* genannt – waren rings um das Peristyl angeordnet. Das Atrium und das Peristyl dienten dazu, Gäste zu empfangen; andere Teile des Hauses waren der Familie vorbehalten.

Die Archäologie kennt unterschiedliche Methoden, um den Bestand an Pflanzen und Bäume in den Gärten Pompejis zu ermitteln: Abgüsse der Wurzelhöhlungen (die erhalten blieben, weil sie sich nach dem Ausbruch mit Bimsstein gefüllt hatten) und die Analyse von Pollenresten im Boden sowie der verkohlten Früchte und Samen. Diese Untersuchungen haben ergeben, dass es in Pompeji Kastanien-, Oliven-, Feigen- und Lorbeerbäume, Oleander und Obstbäume wie Granatäpfel, Quitten, Birnen, Äpfel, Mandeln und Kirschen gab. Plinius der Ältere berichtet, Zitronenbäume seien in Töpfen eingeführt worden, die Löcher für die Wurzeln hatten. Es gibt Hinweise auf mindestens einen Feigenbaum, der in der Nähe einer Latrine wuchs – wahrscheinlich damit die tief hängenden Zweige die Besucher vor den Blicken der Passanten verbargen. Pfeiler und Säulen waren manchmal mit Efeugirlanden umrankt. Immergrüne Pflanzen wurden von Gärtnern, *topiarii* genannt, zu verschiedenen Formen zurechtgeschnitten. Im ersten nachchristlichen Jahrhundert war Pompeji durch ein in die Stadt führendes Aquädukt ausreichend mit Wasser versorgt.

Plinius der Ältere kam selbst in Pompeji ums Leben, aber unter den Überlebenden des Vulkanausbruchs war sein Neffe, Plinius der Jüngere (63–113 n. Chr.). Die Briefe des jüngeren Plinius gehören zu den wichtigsten Informationsquellen über die Villen und Gärten des Altertums, und so stellten sie auch eine Quelle der Inspiration für jene gebildeten und kultivierten Männer dar, die die Gärten der italienischen Renaissance schufen. Alles begann mit Plinius' Beschreibung des Grundprinzips der Villa, das der Landschaftsarchitekt Thorbjörn Andersson auf den folgenden Seiten detailliert erörtern wird.

Oben links: Eine Zeichnung von E. M. Pinto Guillaume zeigt eine Rekonstruktion des Peristyls in der Villa der Livia.
Oben rechts: Grundriss eines pompejanischen Peristylhauses.

Einleitung VON THORBJÖRN ANDERSSON

Heute wird das Wort Villa oft für das Privathaus einer einzelnen Familie in einem Wohngebiet verwendet. Im Italien der Renaissance hatte es eine ganz andere Bedeutung. Getreu einer Auffassung, die noch aus dem alten Rom stammte, war die Renaissancevilla ein Ort außerhalb der Stadt, an dem sich die Reichen und Mächtigen in privater Sphäre von den Strapazen des Alltagslebens erholen konnten. In der Stadt hatte man das Stadthaus der Familie, den *palazzo*. Die Villa war das Gegenstück dazu. Sie war in ihrer ländlichen Umgebung verwurzelt, ein harmonisches Ensemble aus Haus, Garten und der umliegenden Landschaft, ein Gesamtkunstwerk, dessen Bestandteile in perfektem Einklang miteinander standen. Der Garten war ebenso wichtig wie das Haus selbst und stellte dessen Erweiterung in die Landschaft hinaus dar. Man hielt sich mit großer Sorgfalt an die Forderungen Plinius' des Jüngeren, der in seinen Briefen festgelegt hatte, was alles zu bedenken war, wenn man eine Villa baute, wie die Umgebung berücksichtigt werden sollte, die Hänge, die Winde, der Schatten, die Pflanzen, der Ausblick.

Plinius beschreibt auch, wie er selbst sich auf seinem Landsitz an *otium cum dignitate* erfreut. *Otium*, Muße, steht für das ruhige, ungestörte Leben – es ist das Gegenteil von *negotium*, den weltlichen Geschäften, mit denen man in der Stadt den Lebensunterhalt verdient. In der Villa werden keinerlei Geschäfte getätigt. Sie ist ein Zufluchtsort für den Mann von Stand, vielleicht sogar ein irdisches Paradies. Innerhalb des italienischen Renaissanceadels entwickelte sich diese Auffassung zu einer gesellschaftlichen Gepflogenheit – der *villeggiatura*, dem Rückzug aufs Land.

Renaissance bedeutet Wiedergeburt – die Wiedergeburt der antiken Ideale. Man studierte mit neuer Begeisterung Philosophie und Naturwissenschaften, und die platonische Akademie erfuhr ihre Wiederbelebung. In den Gärten der Villa Careggi nördlich von Florenz studierten die Mitglieder einer neuplatonischen Akademie unter anderem die Natur und die Pflanzen. Bernardo Telesio soll gesagt haben: „Ich kann aus dem Studium eines Grashalms mehr lernen als aus dem Studium all dessen, was in allen Büchern der Welt zu lesen ist."

Das wichtigste Geschäft im Florenz der Renaissance war das Bankwesen. Die Bankiers häuften gewaltige Kapitalmengen an, und vieles davon floss in riesige Bauprojekte außerhalb der Stadt an den Ufern des Arno. Die berühmteste der Bankiersfamilien war die Familie Medici; in ihrem Auftrag entstanden einige der prachtvollsten Villen, die man heute noch besichtigen kann. Daneben waren die Medici selbstverständlich auch Förderer der Künste und Mäzene viel versprechender Künstler, Architekten und Dichter. Ebenso wie andere Förderer unterstützten sie ihre Protegés durch Aufträge für den Bau und die Ausschmückung der Villen und indem sie sie das Leben dort sowohl mitgestalten als auch beschreiben ließen.

Die Renaissance war eine Blütezeit der Naturwissenschaften. Die Alleinherrschaft der Kirche stand kurz vor ihrem Ende; die geistliche Macht erhielt Konkurrenz durch die weltliche. Aber auch die Kirchenfürsten schufen sich irdische Paradiese. Eine der berühmtesten Villen, die Villa d'Este (siehe S. 34–39), wurde von Kardinal Ippolito II d'Este errichtet, und der Hauptbeweggrund scheint Rachsucht gewesen zu sein. Der Kardinal hatte in seiner Karriere einen taktischen Fehler gemacht: er hatte sich zu einer Zeit in Frankreich aufgehalten, als es möglicherweise klüger gewesen wäre, in der Nähe des Vatikans zu bleiben, und als der alte Papst starb und man einen neuen wählte, ging Ippolito leer aus. Aber mit seiner neuen Villa in Tivoli bei Rom hatte er vor, die Schmach wett zu machen. Für die Wasserspiele der Villa d'Este wurde eigens ein Fluss in einen unterirdischen Kanal geleitet, der die Springbrunnen, Kaskaden, Becken, Düsen, Teiche sowie weitere Kanäle speiste. Bis zum heutigen Tag ist der Garten der kunstvollste Wassergarten der Welt.

Die Tradition der italienischen Villa wurde über die Jahrhunderte hinweg bewahrt. Während der Renaissance erreichte sie einen Höhepunkt, aber die Vorstellung von Garten, Gebäude und Landschaft als untrennbarem Ganzen findet sich auch in viel später entstandenen Ensembles noch. Eine weitere Eigenheit der italienischen Villen ist, dass sie sich oft seit Hunderten von Jahren im Besitz derselben Familie befinden. Dadurch wurden die Villen erhalten und gepflegt und Traditionen kontinuierlich weitergeführt. Noch immer können wir in die Toskana, ins Latium, in die Campagna oder zum Comer See reisen und die historischen Villen stehen sehen. Noch immer ist es möglich, sich an *otium cum dignitate* zu erfreuen – Muße in Würde.

Die Villa Medici in Fiesole steht auf einem Steilhang mit Blick über Florenz. Diese klassische Renaissancevilla wurde um 1458–61 von Michelozzo Michelozzi nach den von Plinius dem Jüngeren dargelegten Grundsätzen für Cosimo I de'Medici errichtet. Die heutige Gartenanlage ist jüngeren Datums: sie wurde 1911 von dem Architekten Cecil Pinsent für Lady Sybil Cutting entworfen, die mit ihrer Tochter Iris hier lebte. Iris Cutting, mit ehelichem Namen Origo, schuf später den Garten von La Foce (siehe Seite 108).

Latium

Villa Lante

Bagnaia

Es ist früher Abend. Die Siesta ist vorüber, und die Gäste des Kardinals streifen durch den Garten. Noch ist es heiß, aber die Brunnen senden erfrischende Fontänen kühler Luft aus. Unterdessen lässt der Gastgeber auf der Terrasse der Giganten ein festliches kaltes Büffet vorbereiten. Der Wein kühlt bereits in der Wasserrinne des steinernen Tisches, und das Küchenpersonal balanciert Platten, auf denen sich die Köstlichkeiten türmen – Fasan, mit Granatäpfeln gefüllt, Artischocken und Oliven aller Art.

So stelle ich mir *la Dolce Vita* an einem heißen Sommertag um die Mitte des 16. Jahrhunderts vor. Der junge Kardinal Gambara empfängt Gäste auf seinem nördlich von Rom gelegenen Landgut in Bagnaia. Gambara, ein kultivierter Mann und großer Naturfreund, hatte sich hier einen Garten im Geschmack der Zeit anlegen lassen. Dieser Garten sollte den Traum des antiken Gartens verwirklichen und ein Ort der Festlichkeiten, der Zeremonien und des Spiels sein.

Was die Besucher zu allen Zeiten in diesen Teil Latiums gezogen hat, ist das frische Wasser. Der Name Bagnaia geht auf „bagno" (= Bad) zurück, und schon in römischer Zeit war die Gegend wegen ihres mineralhaltigen Wassers bekannt.

Das Städtchen Bagnaia liegt auf einem vulkanischen Bergrücken mit Blick auf die Monti Cimini. Der im 13. Jahrhundert entstandene Ort hat sich sein mittelalterliches Gepräge mit den engen Gassen und den einfachen Steinhäusern bewahrt. Im Zentrum liegt wie in den meisten italienischen Städten eine Piazza mit kleinen Läden, einem Brunnen, einer Bar und einigen Bänken. Hier treffen sich die Einwohner, um das Geschehen auf der Straße und die Passanten zu beobachten. Die Via Jacopo Barozzi führt hinauf zum Eingang der Villa Lante und zum Brunnen des Pegasus, des Beschützers des Waldes, mit den Wassernymphen. Das ist der nichtformale Teil, der *bosco* (zu deutsch: Haingarten) der Villa, der jahrhundertelang als Jagdgebiet genutzt wurde. Im 15. Jahrhundert ließ ein besonders passionierter Jäger, Kardinal Riario, sich hier eine

Seiten 18–19: Blick aus dem großartigen Wassergarten der Villa d'Este über das Städtchen Tivoli.

Gegenüberliegende Seite: Der Brunnen der Sintflut zwischen den beiden Pavillons auf der obersten Terrasse versorgt den ganzen Garten mit Wasser.

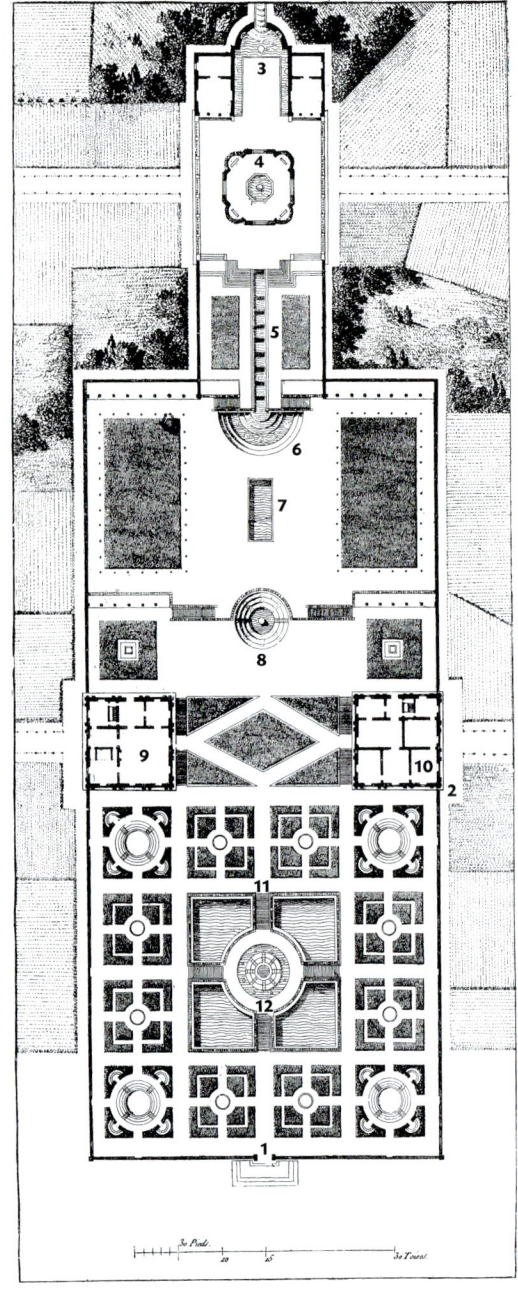

Jagdhütte errichten. Sie steht noch heute, umgeben von dichtem Wald, mäandernden Fußpfaden und grün bemoosten Brunnen.

Giovanni Francesco Gambara wurde 1566 von Papst Pius V. zum Bischof von Viterbo geweiht. Im gleichen Jahr holte er den berühmten Architekten Giacomo Barozzi da Vignola nach Bagnaia, der schon den prachtvollen Garten des Palazzo Farnese im benachbarten Caprarola (*siehe Seiten 54–56*) entworfen hatte. Als Künstler und Architekt war Vignola fasziniert von den Gesetzen der Perspektive und von der römischen und griechischen Kunst. In Bagnaia lautete sein Auftrag, einen Sommersitz mit Gärten und Parks von „zu ihrer Zeit nie gesehener Schönheit" zu entwerfen. Hauptrivale dieser Anlage war die im Bergland unweit von Rom gelegene Villa d'Este (*siehe Seiten 35–39*).

Der Garten sollte so wie ursprünglich gedacht erkundet werden: von oben nach unten, wie eine symbolische Reise von der Quelle des Lebens zum Meer des Todes. Wer das Eingangstor passiert hat, sollte also die Stufen hinauf bis auf die obere Terrasse nehmen, ohne sich umzusehen. Der Garten der Villa Lante hat drei oder fünf Terrassen, „je nachdem, wie man zählt", meint Giovannino Fatica, der Kurator und verantwortliche Architekt der heute unter staatlicher Leitung stehenden Villa.

„Ich bevorzuge den oberen Teil des Gartens, wo das Formale mit dem Wald zusammentrifft. Hier kann ich die Magie dieses Ortes spüren. Im 17. Jahrhundert war Magie ein Wissenszweig", sagt Fatica, „eine ernsthafte Kunst, die dazu diente, Energien aus der Natur zu ziehen."

Eine Reise, die oben beginnt und abwärts führt. Am hangseitigen Abschluss der oberen Terrasse, zwischen zwei kleinen Pavillons, befindet sich die Hauptwasserquelle des ganzen Gartens, der Brunnen der Sintflut, den Vignola als Symbol des Frühlings des Lebens schuf. Das Wasser, das von den klaren Quellen des Monte Sant'Angelo kommt, fließt von diesem Brunnen

in gerader Linie in den Garten, durchquert die Terrassen und kommt am Ende im Wasserparterre zur Ruhe.

Zwei stolze Platanen, beide mit einem Stammumfang von drei Metern, wachen über die
Flanken der oberen Terrasse. Ihre Wurzeln haben den Boden aufgerissen. Im Zentrum der Ter-
rasse bilden Buchshecken eine Art Alkoven um den achteckigen Delphinbrunnen, der wie Kup-
fer schimmert, in Wahrheit aber aus Peperino besteht, einem lokal anstehenden vulkanischen
Gestein. Das Wasser verschwindet unter der Erde und taucht im Maul eines steinernen Fluss-
krebses (ital. *gambero*) wieder auf, eine Anspielung auf das Wappen der Familie Gambara. Der
Kettenbrunnen treibt das Wasser wie einen Bergbach mit großer Geschwindigkeit weiter; sein
Grund ist sehr geschickt uneben gestaltet, so dass das Wasser „tanzt". Es springt die Flucht der
Stufen hinunter und fällt in den Brunnen der Giganten, wo es für eine Weile bei den träge sich
zurücklehnenden Flussgottheiten zur Ruhe kommt. Von hier transportiert eine verborgene Leitung aus Terrakotta das Wasser weiter in die Rinne des steinernen Esstisches, in der die Getränke kühl gehalten wurden, wenn man sich zu besonderen Gelegenheiten an diesem Speiseplatz
im Freien zusammenfand.

Um die Wasserstrahlen vorzuführen, öffnet Giovannino Fatica eine schwere steinerne Fall-
tür im Boden, unter der Rohrleitungen und Wasserhähne sichtbar werden. Alle hydraulischen
Künste und Effekte werden von hier aus in Gang gesetzt. Der Kardinal hatte offensichtlich
Sinn für Humor und pflegte sich und seine Gäste mit Wasserscherzen, *giochi d'acqua*, zu
unterhalten: Wenn ein Bediensteter auf die entsprechenden Knöpfe drückte, ergoss sich ein
Wasserschauer aus verborgenen Düsen über die Gäste. Das Wasser konnte von oben, von
unten oder von der Seite kommen. Man kann sich die Überraschung der vermutlich besonders
herausgeputzten Besucher vorstellen, wenn sie plötzlich nass gespritzt wurden. Ein Teil der

Düsen funktioniert noch heute, und wenn man Glück (oder Pech!) hat, macht man damit Bekanntschaft.

Gambara stieß mit seiner Frivolität und Extravaganz auf Kritik. Im Jahr 1580 kam Carlo Borromeo, sein frommer und später heilig gesprochener älterer Amtsbruder, nach Bagnaia, um Haus und Garten zu besichtigen. Während des Rundgangs blieb er schweigsam, und als Gambara ihn schließlich nach seinem Eindruck fragte, sagte er: „Mit dem Geld, das Ihr auf diesen Garten verschwendet habt, hättet Ihr lieber ein Nonnenkloster errichten sollen." Zu diesem Zeitpunkt stand auf dem Anwesen in Bagnaia erst *ein* Wohngebäude. Nachdenklich geworden, gab Gambara seinen Plan auf, die Anlage um eine zweite Palazzina zu erweitern, und beschloss stattdessen, das Geld für den Bau eines Hospitals und für die Instandsetzung der Kathedrale von Viterbo zu verwenden. Es dauerte ein weiteres Jahrzehnt, bis ein späterer Besitzer, der Graf Montalto, das symmetrische Gegenstück zur Palazzina Gambara errichten ließ.

Das Wasser kommt in den vier Teichen des Wasserparterres zur Ruhe, wo vier Fährleute darauf warten, Reisende über den Fluss Styx zu setzen. Im zentralen Mohrenbecken halten vier athletische Gestalten das Wappen Montaltos in die Höhe, einen Berg, über dem ein Stern steht. Ursprünglich wurde das Wasser durch den Stern nach oben gepumpt und fiel dann als ein dünner pyramidenförmiger Schleier herunter, hinter dem die vier Jünglinge nur undeutlich zu sehen waren. Die raffinierte Konstruktion war das Werk des Tommaso Ghinucci aus Siena, der auch die hydraulischen Wasserkünste in der Villa d'Este geschaffen hatte.

Dieses Hauptparterre ist insgesamt in sechzehn quadratische Kompartimente unterteilt. Die zwölf äußeren sind mit Buchs- und Eibenhecken besetzt, die von Limonenbäumen in großen Pflanztöpfen überragt werden. Ursprünglich war der Garten reicher mit Pflanzen bestückt: Es gab Lorbeerhecken an niedrigen Spalieren, die in Abständen mit Obstbäumen wechselten – mit Zitrusgewächsen, Granatapfelbäumen und (vom 17. Jahrhundert an) auch Kirschbäumen. Efeu und Wein kletterten an den Mauern hoch, verwoben mit Jasmin, Klematis und Hopfen. Heute sind die Parterres mit Kies gefüllt und von Eiben- und Buchshecken gesäumt, die makellos in Form gebracht sind. Das Geheimnis wird offenbar, als der Gärtner auf eine Konstruktion im Innern einer der gesunden, federnden Hecken aufmerksam macht: Man hat für sie ein sinnreiches, von außen nicht sichtbares Gerippe aus wasserresistentem Bambus entwickelt.

„Wir haben nicht sehr oft Frost, aber wenn es wirklich einmal friert, ist der Garten unglaublich schön, auch wenn der Schnee sein schlimmster Feind ist", sagt Giovannino Fatica.

Wasser und Eis. In der Nähe der alten Jagdhütte im Wald befindet sich ein unterirdisches Schneereservoir aus dem 16. Jahrhundert, ein zehn Meter tief in den Boden gegrabener zylindrischer Tank mit einem Durchmesser von ebenfalls zehn Metern. Am 6. Januar 1601 wurde beschlossen, diesen Behälter auf Kosten der Stadt Bagnaia mit Schnee zu füllen, so dass Kardinal Montalto im Sommer genug Eis haben würde, um seine Getränke zu kühlen.

Vielen gilt die Villa Lante als der schönste italienische Renaissancegarten überhaupt – und das Allerbeste daran ist, dass hier vieles genau so erhalten geblieben ist, wie es vor fünfhundert Jahren war.

Gegenüberliegende Seite: Das Wasserparterre mit dem Mohrenbrunnen im Zentrum. Von den sechzehn Kompartimenten bestehen die inneren vier aus Teichen, in denen Fährleute in ihren steinernen Booten darauf warten, Reisende über den Fluss Styx zu bringen. Die äußeren zwölf Beete sind als Buchs- und Eibenparterres gestaltet.

ROSEN, ROMANTIK UND RUINEN
EINE GARTENSCHÖPFUNG DER FAMILIE CAETANI AUS DEM 19. UND DEM 20. JAHRHUNDERT

Der Garten von Ninfa

Sermoneta

Die Geschichte von Ninfa klingt wie ein Märchen. Ursprünglich eine von Päpsten und Adelsfamilien beherrschte Stadt, ist Ninfa heute ein rund acht Hektar großer Garten mit unglaublich schönen Magnolien, Glyzinen, Schwertlilien, exotischen Bäumen und 500 verschiedenen Rosenarten, geschaffen von der Familie Caetani, der gleichen Familie, die das Städtchen Ninfa im Jahre 1297 erwarb.

Ich verlasse Rom in südlicher Richtung auf der Via Appia. Ninfa liegt in der Nähe der einstigen Pontinischen Sümpfe. Diese Region hat einen großen Aufschwung genommen, seitdem Mussolini in den 1930er-Jahren beschloss, das sumpfige Gelände trockenzulegen und in seiner Entwicklung zu fördern. Allmählich treten bestellte Felder und Bauernhäuser an die Stelle der kleinen Gewerbebetriebe, und als der eindrucksvolle Steilhang von Norma meine Windschutzscheibe ausfüllt, weiß ich, dass ich gleich an meinem Ziel bin. Ninfa ist wie eine einsa-

Oben: Ein Rosenbusch, vom Ast eines Baumes gehalten, taucht seine rosafarbenen Blüten ins Wasser. In Ninfa findet man weder Plastik noch Metall: Pflanzenstützen liefert ausschließlich die Natur

Rechts: Vor tausend Jahren war Ninfa eine blühende Stadt und ein Haltepunkt auf der Route entlang der alten Via Appia. Die Bewohner zogen ein komfortables Einkommen daraus, dass sie Reisenden ihre Gastfreundschaft boten und den Nachbarstädten ihr frisches Wasser verkauften. Dann aber breitete sich die Malaria aus. Die Menschen verbrachten ihre Tage am Fluss und rührten das Wasser mit Blättern auf in dem vergeblichen Versuch, die Fliegen damit vom Landen abzuhalten. Heute ist das Wasser wieder klar und gesund.

Gegenüberliegende Seite,
oben links: Im Turm des Kastells von Ninfa,
in der Nachbarschaft der von Rosen bedeckten
Stadtmauer, lebt ein Drosselvogel, die Blau-
merle oder der „einsame Spatz". Im Mai, und
ausschließlich im Mai, lässt er um fünf Uhr
morgens seinen schönen Gesang hören.
Mitte links: Im Frühling, bevor die Bäume
ausschlagen, blühen die Narzissen.
Unten links: Weiße Calla begleiten den Fluss,
der sich durch den Garten schlängelt.
Oben rechts: Den schönen Baum hinter der
Macello-Brücke pflanzte Fürstin Ada Caetani.
Er sollte Ninfa und ihrer Familie „Glück und
Schutz" bringen.
Mitte rechts: Eine weiße Glyzine hüllt die
Fassade des einstigen Rathauses ein.
Unten rechts: Miniaturwasserfälle kennzeichnen
die Geländesprünge am Fluss.

me Insel, eine verlorene Welt, die im 20. Jahrhundert von den Landeignern Gelasio Caetani und seiner Mutter, Fürstin Ada Caetani, wieder zum Leben erweckt wurde: Sie wollten den alten und in Ruinen liegenden Ort, an den fünfhundert Jahre lang nicht gerührt worden war, in einen romantischen Garten verwandeln.

Der Historiker Ferdinand Gregorovius bezeichnete Ninfa als „das Pompeji des Mittelalters". Zu seiner Zeit, im 19. Jahrhundert, waren die Reste der Bebauung von Efeu, Brombeergestrüpp und einer undurchdringlichen wilden Vegetation überwachsen. Heute, nachdem Menschen an diesen Ort zurückgekehrt sind, bedecken alte Rosen, Efeu und Geißblatt die Ruinen. Eine magische Aura ist geblieben, ein Schleier des Romantischen und Geheimnisvollen, der die Baumstämme und Felsbrocken umgibt.

Der Hintergrund gleicht einer Theaterkulisse: Die von Reben überwachsene Stadtmauer, die sich in jedem Herbst rot färbt, der fast das ganze Jahr hindurch in Nebel gehüllte Steilhang von Norma und die Ruinen der alten Kirche Santa Maria Maggiore mit den verblassten Fresken im Altarraum.

Nach nur fünf Minuten in diesem Garten bin ich von einem Gefühl großen Friedens erfüllt. Der Gesang der Vögel und das Geräusch des Wassers wirken beruhigend. Lautlos erscheint Lauro Marchetti, der sich im Auftrag der Stiftung Roffredo Caetani um den Park kümmert, in einem batteriebetriebenen kleinen Auto auf der Bildfläche. Die Anlage ist groß – sie nimmt eine Fläche von rund acht Hektar ein –, und deshalb braucht er ein Transportmittel, um überall hinzukommen. Und alles, was er benutzt, muss umweltfreundlich sein.

„Ninfa ist die letzte Oase in diesem Teil Italiens", sagt Lauro Marchetti mit leiser Stimme, „nicht nur wegen der Bäume und der Pflanzen, sondern genauso wegen der spirituellen Atmosphäre, der Vögel und der Natur insgesamt. Das Besondere an diesem Ort ist, dass man hier die authentische Seite des Lebens spürt. Das ist heute ungewöhnlich."

Das Schauspiel beginnt im Februar nach der zweimonatigen Winterruhe. Auf der Bühne erscheinen als Erste die Magnolien mit Knospen, die sich zu blassrosafarbenen und weißen Blüten öffnen. Den Anfang macht die aus dem Gebiet des Mount Everest stammende *Magnolia campbelli*. Es dauerte dreißig Jahre, bis sie zum ersten Mal blühte, aber jetzt wird ihre Blüte von Jahr zu Jahr üppiger. Im April sind dann die Kirschbäume an der Reihe, und Ninfa nimmt kräftigere Farben an. Die Blüten der Kirschbaumarten *Prunus* 'Accolade' und *Prunus* 'Ukon' sowie das strahlende Rosa des Zierapfels *Malus purpurea* wogen sanft in der Luft, und das Areal ist bedeckt von Gänseblümchen und Forsythien. Während der langen Rosensaison steht immer mindestens eine der 500 Arten in Blüte. Zuerst dachte ich, dass der späte April und der frühe Mai wohl die beste Zeit für einen Besuch in Ninfa seien, aber nach einem Aufenthalt im Herbst, zu Anfang November, bin ich mir nicht mehr so sicher. Die Luft ist frisch und klar, und wer kann einem Fluss widerstehen, in dem die Bäume sich rot und gelb spiegeln?

Hinter der Stadtmauer liegt ein See, der den Park mit Wasser versorgt. Aus einer unterirdischen Quelle fließt sauberes Wasser in den gewunden verlaufenden Ninfa-Fluss, der es in jede Ecke des Gartens bringt. Ich bekomme einen aus Bambus gefertigten Becher in die Hand gedrückt und nehme einen Schluck von dem Wasser. Beim Gedanken an die schreckliche

Geschichte der Malaria in diesem Teil Italiens zögere ich zwar einen Augenblick lang. Aber das Wasser schmeckt köstlich, frisch und rein.

Der Garten bleibt nicht etwa sich selbst überlassen (falls irgendjemand das geglaubt haben sollte). Nein, tatsächlich hat Ninfa sogar sehr viele Gärtner, die das ganze Jahr über jäten, schneiden und düngen. Den natürlichen Charakter des Gartens zu bewahren macht sehr viel Arbeit. Die Pflanzen bekommen Hilfe, wenn es darum geht, einen neuen Weg in die Höhe zu finden, sei es um einen Baumstamm herum oder an einer Ruine hinauf. Für Lauro Marchetti ist der ökologische Aspekt sehr wichtig. Sein ganzer Stolz sind die Komposthaufen, die schön in die schattigsten Teile des Gartens integriert sind.

Ninfa besuchen, heißt soviel wie Zutritt zu einer untergegangenen Welt gewinnen. Der Garten ist nur während des Tages geöffnet, und dennoch hat es etwas vage Unheimliches, zwischen den Ruinen herumzuwandern. Ninfas goldenes Zeitalter dauerte von 753 bis 1382. Damals spielte die kleine, aber reiche Stadt als Verbindungsglied zwischen Rom und Neapel eine wichtige Rolle. Reisende konnten hier ihren Weg unterbrechen, sie konnten übernachten, gut essen und das beste Wasser von ganz Süditalien trinken. Die 1200 Einwohner führten ein beschauliches Leben, da sie nichts weiter zu tun hatten als Zollgebühren einzuziehen. Zu ihrem Wohlstand trug im Übrigen der Verkauf des frischen Wassers an die Nachbarorte bei. Seine Glanzzeit erreichte Ninfa, nachdem es 1297 in den Besitz der Familie Caetani gekommen war. Familienfehden und Konflikte mit dem Papst endeten dann aber 1382 mit der Zerstörung der Stadt. Die Malaria hatte bereits begonnen, die mittelalterlichen Städte dieser Region zu entvölkern, und der Krieg besorgte nun den Rest. Ninfa geriet in Vergessenheit, und eine wilde Vegetation gedieh auf den Gebäuden, die langsam in sich zerfielen, wozu die Erosion ebenso beitrug wie der Umstand, dass Wurzeln sich ihren Weg durch das Mauerwerk brachen.

Wir kommen an den schönen Fluss, der sich durch den Garten windet. An der Macello-Brücke geht Lauro in die Knie und winkt einer Entenfamilie. Und tatsächlich, die Entenmutter löst sich von ihrer Kinderschar und watschelt auf ihn zu. Es kommt zu einem kurzen „Zwiegespräch".

„Was ist denn wichtiger in einem Garten", frage ich, „Gesundheit oder Schönheit?" Lauro tut einen entschlossenen Schritt in Richtung des Komposthaufens und nimmt eine Hand voll Erde auf, wobei sein grüner Leinenanzug einen Fleck abbekommt.

„Das Natürliche ist schön. Manche Pflanzen leiden unter Parasiten, aber wir sind nie in Versuchung gewesen, mit Chemikalien zu arbeiten. Nein, wir erlauben den Pflanzen, so etwas durchzustehen. Wenn die Krankheit zu Ende ist, kann die Pflanze doch im Gleichgewicht mit den Vögeln und den Insekten weiterleben. Das ist unser Ziel. Und wenn der Boden nährstoffreich ist, sind die Pflanzen stark genug, um gegen die Krankheit anzukämpfen."

Wichtig ist, dass das ökologische System im Gleichgewicht ist – nur dann ist der Park schön. Schönheit und Ökologie gehen zusammen.

An der Römischen Brücke lässt die japanische Glyzine, *Wisteria floribunda* 'Macrobotrys', ihre langen rosaroten Blütentrauben in das klare Wasser hängen. Die Blüten sind im April und Mai am schönsten, aber dafür zeigt die Pflanze im November ein interessantes Geflecht starker Zweige. Sie wird die kommenden vier Monate dazu nutzen, Kräfte zu sammeln, bevor die Blüte

Gegenüberliegende Seite: Der Fluss ist in zu jeder Jahreszeit ein Paradies. Seine Ufer säumen der flammende *Cotinus coggygria* 'Flame', viele Magnolien- und Kirschbaumarten, darunter *Prunus* 'Ukon', *Prunus subhirtella* 'Pendula' und *Prunus avium*. Die *Wisteria floribunda* 'Macrobotrys' klettert in die Höhe, während Rosen, Lilien, Iris und Kamelien in Bodennähe blühen.

im April von neuem einsetzt. Am Flussufer finden wir auch Magnolien, Kirschbäume, Kamelien, Mahonien und Lilien.

Als Gelasio Caetani 1935 starb, erbte sein Bruder Roffredo den Ort und begann gemeinsam mit seiner Frau Marguerite, einer Amerikanerin, den Park zu erweitern. In den 1940er-Jahren gründete Fürstin Marguerite eine internationale literarische Zeitschrift mit dem Titel „Botteghe Oscure" und öffnete den Park erstmals für ausgewählte Gäste, die mit dieser Zeitschrift zu tun hatten. Sie pflegten die Mahlzeiten unter den Bäumen einzunehmen und diskutierten dabei über Literatur. Die gemeinsame Tochter Lelia Caetani, Künstlerin und Biologin, lebte mehr als zwanzig Jahre lang zusammen mit ihrem Ehemann Hubert Howard in Ninfa. Die beiden bauten den Park aus und führten viele neue Pflanzenarten ein. Leider sind kaum Pflanzenlisten oder Gartenpläne aus dieser Periode vorhanden; nur Aquarelle des Gartens von Lelias Hand haben sich erhalten.

Als mit Lelia Caetanis Tod im Jahre 1977 die mehr als 600-jährige Familientradition ein Ende fand, ging die Verantwortung für das Tagesgeschäft in Ninfa auf Lauro über. Über seine Aufgabe im Leben war schon lange zuvor entschieden worden. Als kleiner Junge hatte er oft im Park gespielt. Er war sieben Jahre alt, als Lelia ihn fragte, ob er in Ninfa bleiben wolle.

Er antwortete: „Ja, aber für wie lange?"

„Für den Rest deines Lebens, denke ich", sagte Lelia.

Lauro erinnert sich, dass sie groß und schön war . . .

„Ninfa ist mein Schicksal", sagt er. „Das Leben hat mir eine Gelegenheit zugespielt, und ich habe sie ergriffen. Jetzt kann ich an meinem Leben nichts mehr ändern."

Ein Jahr nach Lelias Tod wurde der Garten erstmals für das Publikum geöffnet. Heute liegt die Verwaltung von Ninfa in den Händen der Stiftung Roffredo Caetani. Die Mittel für die Erhaltung des Gartens kommen von dieser Stiftung sowie aus dem Verkauf der Eintrittskarten.

Eine neue Generation ist nach Ninfa gekommen. Der Garten ist an einem Schulprojekt beteiligt: Jährlich besuchen 22.000 Schüler aus Rom und Neapel den Park. Dabei sollen die Kinder sich nicht nur an den schönen Blumen erfreuen, sondern es geht vor allem darum, ihr Verständnis für den Gedanken von Bewahrung und Erhaltung zu wecken – sie sollen eine erste Lektion in ökologischer Verantwortung erhalten. Führer begleiten die Schülergruppen, und den Lehrern wird gesagt, dass es sich hier nicht um einen Ferienausflug handelt, sondern um eine Lektion über den fragilen Zustand der Natur.

„Wenn sie hier ankommen, führen sie sich zumeist rüpelhaft auf, reden laut durcheinander und kauen Kaugummi. Aber nach zehn Minuten geschieht etwas; ihr Verhalten ändert sich, ohne dass wir sie erst rüffeln müssten. Sie nehmen die Atmosphäre des Gartens in sich auf und werden ruhig. Ich raufe mir die Haare, wenn wir tausend Schüler gleichzeitig hier im Garten haben", sagt Lauro halblachend, und dann ergänzt er: „Es ist gefährlich für Ninfa, aber notwendig."

Im Fluss schwimmen Lachse, die ursprünglich aus Afrika und Sardinien stammen. Sie wurden vor mehr als tausend Jahren hier eingeführt. Es will einem nicht in den Kopf, dass nur wenige Kilometer entfernt die Abwässer einer Fabrik in den Fluss geleitet werden. Hier in Ninfa kann man das Wasser noch ohne Bedenken trinken. Vor einigen Jahren hat Lauro Marchetti den Kampf gegen die Ansiedlung einer weiteren Fabrik in dieser Gegend angeführt. Unterstützung erhielt er von der lokalen Bevölkerung.

Heute genießt Ninfa den Schutz des World Wide Fund for Nature, dessen Emblem am schmiedeeisernen Eingangstor hängt. Lauros Zukunftstraum ist ein größerer Naturpark, eine Erweiterung, die allen Versuchen widerstehen würde, hier ein Industriegebiet anzulegen – ein großartiger ökologischer Garten, den seine Landsleute besuchen könnten.

Gegenüberliegende Seite: Die aus dem Himalaya stammende *Magnolia soulangeana* „Lennei" rahmt den See und den Wasserfall.

Oben: Eine Magnolienknospe im März, die soeben ihre schönen rosafarbenen Blütenblätter entfalten will.

Villa d'Este

Tivoli

Das charakteristischste Merkmal der Villa d'Este, vielleicht des vollkommensten aller in der Hochrenaissance entstandenen Gärten, ist nicht die Bepflanzung, sondern das Wasser, das aus den fantasievoll gestalteten Spritzöffnungen der Brunnen springt und schöne Kunstwerke in der Luft erschafft.

Das Landgut liegt etwa 28 Kilometer von Rom entfernt im Städtchen Tivoli hoch am westlichen Hang der Sabinerberge. Der schöpferische Geist hinter diesem Garten war Ippolito d'Este, Kardinal von Ferrara, der im Jahre 1550 zum Gouverneur von Tivoli ernannt wurde. Ippolito war sehr angetan von der reizvollen Szenerie, der reinen Luft und der Tatsache, dass der Fluss Aniene reichlich Wasser führte. Die Gegend ist auch historisch sehr interessant, da sie viele bedeutende Überreste aus römischer Zeit besitzt, darunter die Ruinen der im 2. Jahrhundert n. Chr. erbauten Villa des Kaisers Hadrian.

Die Architektin Isabella Barisi, seit 1995 Direktorin der Villa d'Este, führt mich durch die Anlage, die sich heute im Staatsbesitz befindet und in die UNESCO-Liste des Weltkulturerbes eingetragen ist. Restaurierungsarbeiten sind seit der Jahrtausendwende im Gang, aber es ist immer noch eine Menge zu tun, wie Signora Barisi sagt. In der Sala della Fontana, einem der reich dekorierten Erdgeschossräume der Villa, befindet sich ein Fresko, das die Villa d'Este im Jahr 1568 zeigt, gerahmt von üppigen Fruchtgehängen. Es ist ein großartiges Bild, aber seine Farben sind verblasst. Schon bald werden sich die Restauratoren mit ihren Leitern und Werkzeugen in diesem Raum einfinden, und die Fresken werden auf Gedeih und Verderb ihre intensive Farbigkeit zurückerhalten.

„Der Kardinal nutzte die Villa als Sommerresidenz, mit den Staatsgemächern im Erdgeschoss und seinen Privaträumen darüber. Er kam zumeist im Juni und blieb bis zum September oder Oktober. Haus und Garten sind nach Nordwesten orientiert, also zur kühleren Seite hin. Das Wasser im Haus sollte ihn an die Brunnen im Garten erinnern", erklärt Isabella Barisi.

Links: Von der unlängst restaurierten Wasserorgel ist heute wieder Musik zu hören. Das Wasser ergießt sich über einen Wasserfall, den Bernini im Jahre 1661 gestaltete, in drei Fischteiche auf der unteren Terrasse.

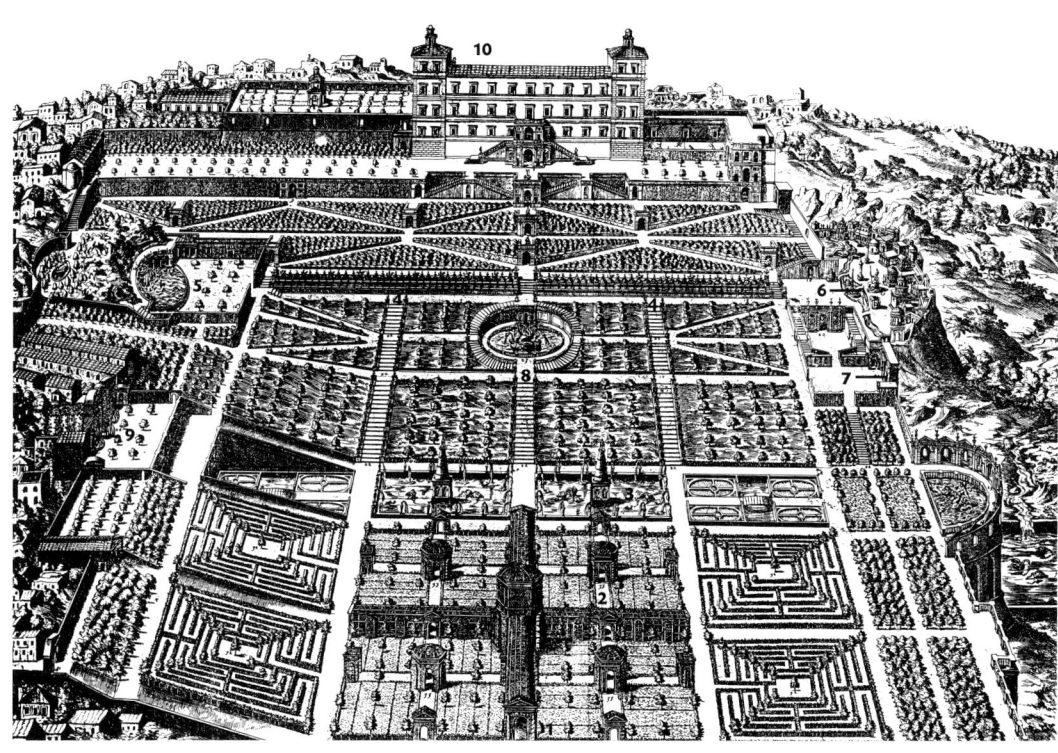

1 historischer Eingang
2 Laubengang und Pavillon
3 Fischteiche
4 Allee der hundert Brunnen
5 Tivolibrunnen (Fontana dell'Ovato)
6 Rometta-Brunnen
7 Eulenbrunnen
8 Drachenbrunnen
9 Wasserorgel
10 heutiger Eingang

Auf dem Weg in den Garten trinken wir am Tresen der Cafeteria schnell einen Espresso. Der Blick von der Terrasse über die römische Campagna ist atemberaubend. Im Norden drängt sich das Städtchen Tivoli an den Hang, und im Westen bedecken Olivenhaine die Hänge. In römischer Zeit ließ man Rebstöcke an den Olivenbäumen ranken. Ihre Trauben waren von ungewöhnlicher Form, lang und spitz, was mit dem Namen *pizzutello* treffend beschrieben ist.

Die Botschaften der Villa d'Este sind widersprüchlich. Der Stein, die dunkelgrünen Formhecken und die perfekte Geometrie der Anlage sprechen von Macht und Formalität. In entwaffnendem Gegensatz dazu ist der Garten reich mit Wasserspielen, *giochi d'acqua*, ausgestattet. Die entsprechenden Trickleitungen, ein charakteristisches Element der Renaissancegärten, liegen immer dort verborgen, wo man sie am allerwenigsten erwartet – unter der Erde, in Treppenläufen, überall im Garten – und sorgten mit Wasserschauern, die sich über die nichts ahnenden Besucher ergossen, für Überraschung.

Kardinal Ippolito d'Este kannte bei der Planung seiner Villa keine Grenzen. Er war reich und ein großer Kunstfreund, der seinen Traum verwirklichen wollte. Die schwierige Aufgabe, eine Villa nach antiken Vorbildern an einem Hang zu planen, fiel dem Altertumskenner und Architekten Pirro Ligorio zu. Die intellektuelle Elite dieser Zeit maß dem *genius loci* große Bedeutung bei, und Pirro Ligorio hatte ein Gespür für das magische Element der Natur an diesem speziellen Ort. Er sah ihn als Teil eines größeren Ganzen, das heißt in einem Zusammenhang mit den antiken Kaiservillen. Ligorio hatte sich eingehend mit den Ruinen der Hadriansvilla und auch mit den Gärten des Lucullus oberhalb der Spanischen Treppe in Rom befasst. In den Zeichnungen, die er von diesen letztgenannten Gärten anfertigte, hielt er die Grundprinzipien fest, die später die römischen Renaissancevillen kennzeichnen sollten – eine Folge von Terrassen an einem Hang mit Treppen, Rampen und einer säulenbestandenen halbrunden Apsis als Hintergrund.

*Gegenüberliegende Seite,
oben links und unten rechts:* Die Allee der hundert Brunnen mit Wasserscherzen, *giochi d'acqua,* von unterschiedlicher Art und Ausgestaltung. Zwischen den üppigen grünen Farnen kann man Monsterwesen erkennen, wie sie in den *Metamorphosen* des Ovid beschrieben werden.
Oben rechts: Die schöne Fontana dell'Ovato.
Unten links: Die drei Fischbecken bilden die Hauptquerachse des Gartens.

Oben: Die Gärten der Villa d'Este im Jahr 1573 in einem Kupferstich von Dupérac.

Oben: Eines der Monsterwesen von der Allee der hundert Brunnen.
Unten: Der Drachenbrunnen, der einen Wasserstrahl hoch aufschießen lässt.

Der Garten ist entlang einer Hauptachse angelegt, die ihren Anfang beim Tor in der Stadtmauer (an der Via del Colle) nimmt, den Hang schneidet, auf halbem Weg den Drachenbrunnen passiert und an der Villa endet. Der Niveauunterschied zwischen dem höchsten Punkt des Geländes und seinem unteren Ende betrug 50 Meter. Der Hang musste aufgefüllt und terrassiert werden. Die Arbeiter transportierten Felsbrocken von einem Platz zum anderen, bewegten Erdmengen und errichteten gewaltige Gewölbe und Stützpfeiler zur Befestigung der Terrassen.

Heute kommen die Besucher von oben her, also durch den Palast, in den Garten, während man die Anlage im 16. Jahrhundert durch das Tor in der unteren Gartenmauer betrat. Die damaligen Gäste passierten zunächst einen von süß duftendem Jasmin, Efeu und Reben überwachsenen hölzernen Laubengang, wie es ihn schon in den antiken römischen Gärten gab. Durch das Spalierwerk konnten sie einen flüchtigen Blick auf den fern auf dem Hügel gelegenen Palast werfen. Bald erreichten sie einen von einer vergoldeten Lilie bekrönten Pavillon, dessen Kuppel von Rosen, Jasmin und Efeu bedeckt war. Die umliegenden Geviere waren mit kleinen Granatapfel- und anderen Obstbäumen bepflanzt und wurden ihrerseits von niedrigen Hecken aus Rosmarin, Lavendel, Myrten und Buchs gesäumt. In einiger Entfernung lagen der Blumengarten des Kardinals und ein Kräutergarten mit heilkräftigen Pflanzen für den häuslichen Gebrauch. Im 17. Jahrhundert wurden die hölzernen Lauben entfernt; an ihre Stelle trat ein Kreis von Zypressen, die Rotunde. Heute recken sich diese Zypressen nicht mehr nach oben, sondern altern in Würde und Schönheit, sie haben silbergraue Stämme und sind verknotet wie Bonsai-Bäumchen. Ihre Wurzeln müssen vermutlich um Nahrung kämpfen, behindert durch Steine und den Unterbau, der die Terrassen trägt.

Pirro Ligorio nahm auf dem Gelände der Hadriansvilla archäologische Grabungen vor und brachte eine Anzahl antiker Statuen von dort in die Villa d'Este. In Reisetagebüchern aus dem 17. Jahrhundert ist von 60 Figurengruppen die Rede.

„Die Statuen wurden im 18. Jahrhundert von Engländern erworben und später in alle Welt weiterverkauft. Einige befinden sich heute im Louvre, andere in den Vatikanischen Museen. Manche stehen in der Galleria Borghese, manche im Kapitolinischen Museum in Rom. Ich wollte, ich könnte sie in die Villa d'Este zurückholen und hier zeigen", sagt Isabella Barisi.

Doch das herausragende Merkmal der Villa d'Este sind die spektakulären Wasserkünste, die der aus Siena stammende Tommaso Ghinucci vor mehr als vierhundert Jahren schuf. Von dem ursprünglichen System hat sich zwar nur sehr wenig bis heute erhalten, aber die Grundsätze sind erstaunlicherweise noch die gleichen wie damals. Die hydraulischen Kenntnisse der Römer waren in der Renaissance weiterentwickelt worden, und das Wasser fand auf drei Wegen Ein-

Oben: Das Wasser, das in den Tivolibrunnen (Fontana dell'Ovato) fließt, bildet einen halbrunden Vorhang, der den dahinter verlaufenden Fußpfad verbirgt.
Unten: Der von Pirro Ligorio entworfene Rometta-Brunnen bildet die sieben Hügel Roms und bekannte Monumente wie das Kolosseum und das Pantheon ab.

gang in die Villa: aus dem Anienefluss über einen in den Jahren 1563–65 neu angelegten Kanal, über einen wieder hergerichteten römischen Aquädukt und als Regenwasser, das in riesigen Sammelbecken aufgefangen wurde. Das Flusswasser wird in einer Zisterne gleich oberhalb der Fontana dell'Ovato oder Fontana di Tivoli, des Tivolibrunnens, gesammelt. Von hier an übernimmt die Schwerkraft den Transport, und das Wasser fließt durch Rohre und Leitungen zu den tiefer gelegenen Brunnen. Die höher gelegenen Brunnen werden durch ein Pumpsystem mit Wasser versorgt. In den ersten hundert Jahren bestanden die Rohrleitungen in der Regel aus Ton oder Terrakotta, später wurden sie durch lederne, noch später durch Plastikrohre ersetzt.

Bei der Fontana dell'Ovato – dem vielleicht schönsten Brunnen im ganzen Garten – fällt das Wasser von einer vorspringenden Terrasse herunter und bildet im Fallen einen halbrunden transparenten Vorhang. Dahinter verläuft ein Fußpfad. Es ist nicht schwer, sich den Kardinal und seine Entourage in ihren langen, schwingenden Gewändern vorzustellen, wie sie an heißen Tagen diesen kühleren Weg benutzten. Darüber steht die Statue der Sibylle, das Orakel aus römischer Zeit, das auch als christliches Symbol angesehen wurde. Die von Vegetation umgebene Sybille blickt in Richtung des Rometta-Brunnens, einer Miniaturansicht der Stadt Rom – wohl um die Gäste aus der Stadt an das Gebot einer sittlich einwandfreien Lebensführung zu erinnern.

Das Wasser dient auch dazu, Musik zu machen. Bei der Wasserorgel betrete ich den Maschinenraum, in dem der Mechanismus vorgeführt wird, der die Musik hervorbringt. Er nützt, kurz gesagt, das Zusammenspiel von Wasser und Luft. Die Töne entstehen mit Hilfe zweier separater Rohrleitungen, eines Wasserstrudels und einer Metalltrommel (die aussieht wie eine gigantische altmodische Music-Box). Das raffinierte System ist unlängst von einem Engländer wieder instand gesetzt worden, einem der wenigen Spezialisten in der Welt, die sich damit überhaupt auskennen. Die Orgel spielt alle zwei Stunden, also vier oder fünf Mal am Tag, jeweils fünf bis sechs Minuten lang. Die Musik im Verein mit dem Geräusch des stetig fließenden, rieselnden Wassers ist ein unvergessliches Klangerlebnis.

Nach vielen Jahren der Stille ist nun auch der Eulenbrunnen endlich restauriert worden: Künstliche Vögel trällern hier einen harmonischen Gesang, bis sie von einer mechanischen Eule aufgeschreckt werden. Einen Augenblick später setzen sie ihre süßen Lieder dann aber fort. Unter dem Boden, verborgen unter den Mosaikplatten, befinden sich mehrere Wasserdüsen. Bei der Wiedereröffnung des Parks im Jahr 2002 setzte man diese *giochi d'acqua* in Betrieb, und die Pressefotografen wurden zu ihrer Überraschung nass gespritzt. Der Kardinal hätte seinen Spaß daran gehabt.

Geheime Gärten
Entwurf von Flaminio Ponzo, 1608–1613, und Jan van Santen, genannt Giovanni Vasanzio,
für Kardinal Scipione Borghese
Sonnenuhr-Garten vermutlich von Carlo Rainaldi, 1680er-Jahre

Der Alte Garten mit seinen Kissen aus Heiligen-kraut, Salbei, Lavendel und anderen Duftpflanzen, zwischen denen hohe blaue Schwertlilien (*Iris germanica*) wachsen. Zitruspflanzen stehen auf Sockeln, so dass ihr wundervoller Duft auf Gesichtshöhe durch den Garten treibt.

Giardini Segreti

Villa Borghese, Rom

Der Pincio-Hügel in Rom war ursprünglich mit Weinbergen bedeckt, aber im siebzehnten Jahrhundert ließ Kardinal Scipio Borghese ihn in einen Jagd- und Lustgarten verwandeln, den er Villa Borghese nannte. Neben dem Casino di Villa Borghese wurden drei *giardini segreti* – geheime Gärten – in einer Reihe hintereinander angelegt.

Was heißt geheim? Das Konzept des ummauerten Gartens hat seinen Ursprung in der römischen Antike und wurde im Klostergarten, *hortus conclusus*, des Mittelalters weiterentwickelt. In den italienischen Villen- und Palastanlagen der Renaissance und des Barock lag der *giardino segreto* meist unmittelbar am Haus und bildete mit diesem eine von einer hohen Mauer oder Hecke umschlossene Einheit. Kein ungeladener Gast bekam das private Paradies des Eigentümers zu sehen oder durfte es betreten.

Die geheimen Gärten der Villa Borghese boten dem Kardinal einen Rückzugsort, wo er mit Freunden und Kollegen spazieren gehen konnte. Vielleicht diskutierten sie dabei über Politik, Philosophie und Kunst, oder sie unterhielten sich über die seltenen Tulpenzwiebeln, für die man zu Beginn des siebzehnten Jahrhunderts so ungeheuerliche Preise bezahlte. Der Kardinal wünschte sich vor allem einen wohlriechenden Garten. Die Beete waren mit Kräutern und Duftpflanzen gefüllt, von denen man glaubte, dass sie Krankheiten abwehrten. Zitrusbäumchen standen auf Sockeln, so dass ihr Duft dem Kardinal und seinen Gästen beim Vorüberschlendern in die Nase stieg.

Seit 1903 ist der Garten der Villa Borghese ein öffentlicher Park. Er ist im Vergleich zu anderen römischen Parks wirklich zentral gelegen, die Fläche wird im Südosten von den Schleifen der Via Veneto, im Norden von dem Wohnviertel Parioli, im Westen von der Piazza del Popolo und im Süden von der Spanischen Treppe begrenzt. Am besten sucht man den Park zu Fuß auf – über die Spanische Treppe, an der Villa Medici vorbei, die heute die Académie de France beherbergt, und dann die Treppe zum Pincio hinauf. Von hier aus hat man einen atemberaubenden

Blick über Rom. Geht man dann weiter, an den Kirsch- und Mandelbäumen vorbei, die im Frühjahr in Blüte stehen, den anmutigen Platanen und den riesigen Kiefern, die die Piazza di Siena säumen, stößt man irgendwann auf die geheimen Gärten in der nordöstlichen Ecke des Parks neben dem Casino di Villa Borghese.

Die *giardini segreti* sind in jüngerer Zeit restauriert worden. Dabei wurde das Aussehen ihrer Entstehungszeit so weit wie möglich rekonstruiert. Sie zu besichtigen ist eine unvergleichliche Erfahrung, wenn man eine Vorstellung davon gewinnen will, wie Blumenbeete vor drei- bis vierhundert Jahren ausgesehen haben. Der Restaurierung gingen viele Jahre der Recherche in den römischen Archiven und des Studiums historischer Dokumente voraus. Gartenhistorikerin und -gestalterin Ada Segre, die bei der Planung und Anlage der Gärten zu Rate gezogen wurde, zählt mir die Quellen auf: detaillierte Pflanzpläne der römischen Gärten, Pflanzenlisten, die Blumenliebhaber – und unter ihnen vor allem die Caetani und die Barberini – untereinander austauschten, Illustrationen von Pflanzen, Abhandlungen über den Gartenbau, sowohl in ver-

Die Vogelkäfige des zweiten „geheimen Gartens" beherbergten ursprünglich exotische Vögel, deren Gesang die im Garten umherschlendernden Gäste erfreuen sollte. Die Blumenbeete sind im Stil des siebzehnten Jahrhunderts angelegt und überwiegend mit Zwiebelpflanzen gefüllt, darunter Anemonen, Schachbrettblumen, Krokus, Narzissen, Schmucklilien und Tulpen; dazu kommen noch Veilchen, Mutterkraut und einige Exoten. Zitronenbäumchen wachsen in großen Töpfen.

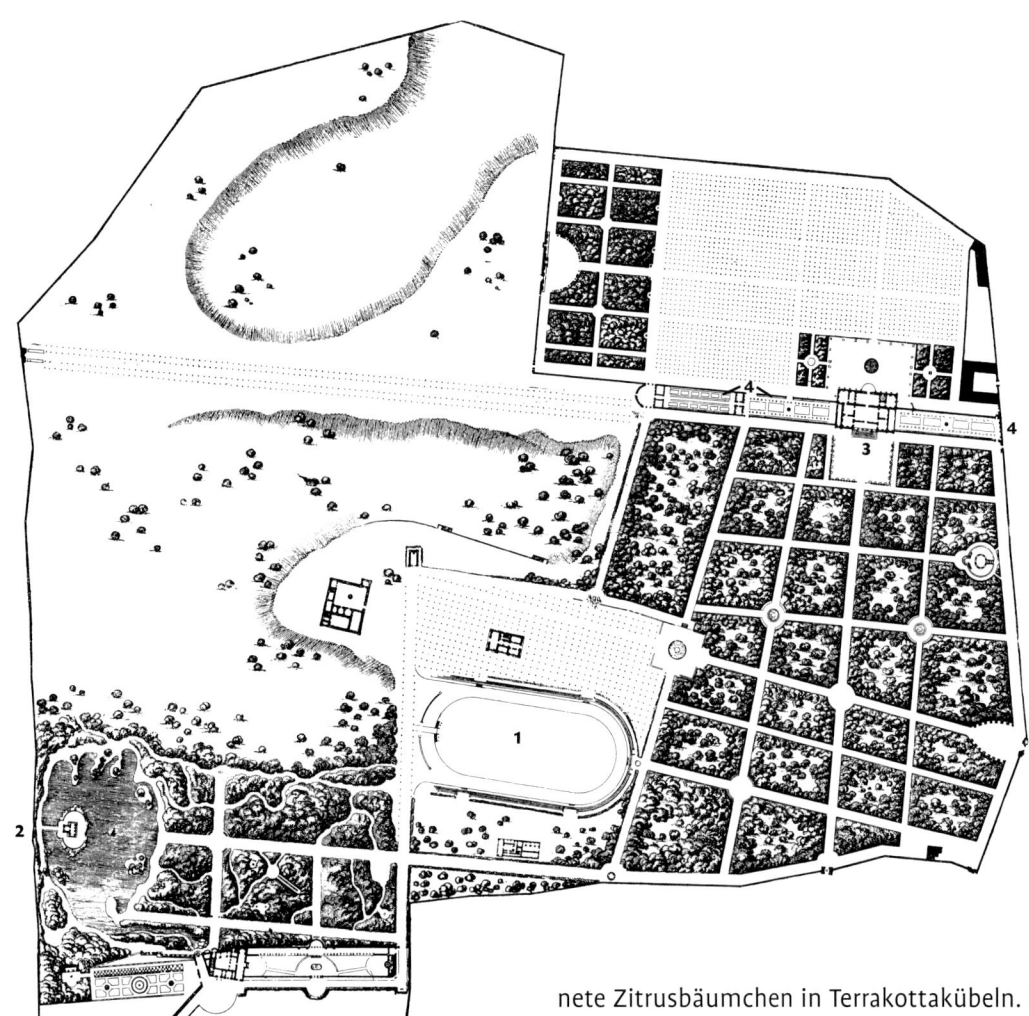

Der Park der Villa Borghese
1 Piazza di Siena
2 See mit Inseltempel des Äskulap
3 Galleria Borghese
4 Giardini segreti

Gegenüberliegende Seite,
von oben nach unten: Citrus medica, auch als
„Hand Buddhas" bekannt.
Nach dem Vorbild des siebzehnten Jahrhunderts
hat der Gärtner die Irisblätter geflochten, um
ein sauberes Erscheinungsbild auch dann noch
zu gewährleisten, wenn die Blütezeit vorbei ist.
Die Ranunkel erschien im sechzehnten Jahrhundert in den Gärten Europas.
Crocus sieberi.

öffentlicher als auch in Manuskriptform, und
der Briefwechsel einer Reihe von Kennern.
Besonders wertvoll waren dabei die Recherchen von Alberta Campitelli bei der für historische Villen und Parks zuständigen Abteilung
der Kommunalverwaltung.

Ada und ich machen einen Spaziergang
durch die drei Lustgärten.

Der Erste, rechts vom Casino Borghese gelegen, ist als der Alte Garten bekannt. Im siebzehnten Jahrhundert standen hier mehr als ein-
hundertvierzig in vierundzwanzig Reihen angeord-
nete Zitrusbäumchen in Terrakottakübeln. Heute sind es deutlich weniger. Eine ungewöhnlich
höckerige Zitrone erregt meine Aufmerksamkeit. Sie sieht aus wie eine Hand mit langen Fingern – *Citrus medica*, auch als „Hand Buddhas" bekannt. Claudia Lazarros Buch *The Italian
Renaissance Garden* zufolge waren die süßen Orangensorten Mitte des sechzehnten Jahrhunderts in Italien ebenso verbreitet wie Zitronen, Quitten, Pfirsiche, Birnen, Pflaumen, Kirschen
und Aprikosen. Trotz ihres sauren Fruchtfleisches und der harten, stark riechenden Rinde war
die große ovale *Citrus medica* sehr beliebt.

Es gibt hier auch Zitronen aus dem Gebiet um Salerno und eine weitere Sorte aus Süditalien,
die bei der Herstellung des berühmten Limoncello-Likörs Verwendung findet. Im Winter werden die empfindlichen Zitrusbäumchen in Gewächshäusern untergestellt. In den kleinen Beeten wachsen mehrere Schwertliliensorten, darunter die gelbe *Iris germanica*. Ihre speerförmi-
gen Blätter bereichern den Garten um ein interessantes vertikales Element. Unter den duftenden Kräutern finden sich Zitronenmelisse, Salbei, Heiligenkraut und große Kissen von Kresse.
Orangefarbene Ringelblumen gehen eine sehr ungewöhnliche Verbindung mit Gras ein. Die
Beete ganz links sind mit Zentifolien, Gallica-, Alba- und Damaszenerrosen gefüllt. Die Kulti-
vare wurden aus alten Sorten wie *Rosa gallica* ‘Versicolor’ und *Rosa alba* ausgewählt; andere
wurden angepflanzt, weil sie an altmodische Sorten erinnern, zum Beispiel bei *Rosa* ‘Belle
Amour’. Ihr Duft mischt sich zu einem Aroma, das nicht intensiv, sondern dezent und intim ist
und heranzieht wie ein leiser Lufthauch.

„Der Geruchssinn war der Schlüssel zur ästhetischen Würdigung des Gartens im siebzehnten Jahrhundert", erklärt Ada. „Die Pflanzen wurden nach Aussehen und Geruch in Gruppen aufgeteilt. Die erste Gruppe bestand aus Pflanzen mit duftenden Blüten. Die Pflanzen der zweiten Gruppe waren unauffällig, aber hier war es die ganze Pflanze, die duftete. Man glaubte, dass Krankheiten über vergiftete Luft übertragen wurden, und wollte sich mit dem Duft gegen sie schützen."

Der Zweite der geheimen Gärten liegt auf der anderen Seite des Casino di Villa Borghese. Auf dem Pavillon sind Vogelkäfige angebracht, die fast wie luftige Türme aussehen. Stellen Sie sich vor, wie die Singvögel miteinander gewetteifert haben müssen, wie trotz eines Lebens in Gefangenschaft jeder von ihnen schöner zu singen versuchte als der andere. Das Gebäude ist prachtvoll mit antiken Reliefs und dem Familienwappen geschmückt. Die Beete enthalten eine reiche Auswahl von Zwiebelpflanzen, darunter Anemonen, Hyazinthen, Narzissen und natürlich die im sechzehnten und siebzehnten Jahrhundert so beliebten Tulpen.

Der dritte Garten ist der Sonnenuhr-Garten, der seinen Namen der großen Sonnenuhr dort verdankt. Das Casinogebäude wurde um 1680–1683 von Carlo Rainaldi und Tommaso Mattei entworfen. Es ist sehr wahrscheinlich, dass Rainaldi der Architekt dieses dritten geheimen Gartens war; die Quellen sind jedoch nicht eindeutig. Wie in den anderen Gärten ist die Mauer auch hier von Zitruspflanzen gesäumt. Die Blumenbeete werden durch sandige Pfade in geometrische Formen aufgeteilt, wobei der helle Sand einen schönen Kontrast zur dunklen Erde und den üppigen Blumen bildet. In der Mitte des Gartens liegt ein sternförmiges Beet. Ein großer Terrakottatopf enthält eine blühende Yucca, eine der vielen exotischen Pflanzen, die im Lauf der Jahrhunderte in Italien eingeführt wurden.

Der Garten ganz am Ende der Reihe dient jetzt als Baumschule für die drei anderen.

Das ehemalige Jagdgelände der Kardinäle ist heute ein beliebter öffentlicher Park und Schauplatz für zahlreiche Ereignisse und Aktivitäten. Aus dem Casino wurde ein Museum, die Galleria Borghese. Es beherbergt die Kunstwerke der Sammlung Scipio Borghese aus Antike, Renaissance und Barock. Auf der Piazza di Siena findet jedes Jahr ein internationales Reitturnier statt. Auch einen Zoo mit über tausend Tieren findet man hier. Jenseits des Tors liegt im Nordwesten die im sechzehnten Jahrhundert errichtete Villa Giulia, die heute das Etruskische Museum beherbergt. Die Villa hat einen historischen Garten mit einem Nymphäum; Laubengang und Gewölbe sind mit wundervollen Fresken geschmückt, die Spaliere und Weinranken darstellen.

MONSTERWESEN IM ZAUBERWALD
ENTWURF DES GARTENS: PIRRO LIGORIO, AB 1552

Gegenüberliegende Seite: Die riesige steinerne Fratze wird auch als Höllenrachen oder Höllenmaul bezeichnet.

Unten: Das zinnenbewehrte Eingangstor des Sacro Bosco in der hügeligen Landschaft Latiums.

Der Heilige Hain

Bomarzo

Der *Sacro Bosco* oder Heilige Hain in Bomarzo ist am eindrucksvollsten im Morgennebel oder im herbstlichen Mondlicht, wenn die riesigen steinernen Figuren zugleich bedrohlich und leicht verschwommen vor dem Auge erscheinen. Erschreckende Wesen, die man zwischen Bäumen und Büschen gerade eben noch ausmachen kann.

Jahrhundertelang lag der *Sacro Bosco* in einem Tiefschlaf, bevor man ihn zu Beginn des 20. Jahrhunderts wieder entdeckte: ein bewaldetes Areal, ganz zugewachsen und von Moos bedeckt, mit riesigen in den Fels gehauenen Figuren, überwuchert von Buschwerk und Wurzeln, die sich durch den Waldboden gearbeitet hatten. Der Anblick muss unwirklich gewesen sein: übergroße schlafende Nymphen, ein schiefes Haus, dreiköpfige Hunde und andere mythologische Wesen. Es ist leicht zu verstehen, warum der Park so großen Eindruck auf viele Künstler des 20. Jahrhunderts machte, so auch auf den surrealistischen Maler Salvador Dalí.

Heute erlebe ich den Garten weder bei Nebel noch im Mondlicht, sondern in einer frühen Morgensonne, die durch das Laubdach der Bäume flimmert. Nachdem ich das elegante Eingangstor passiert habe, grüßen mich antike Götter und Göttinnen, unter ihnen Saturn, Janus, Faun und die dreiköpfige Hekate. Vor einem blühenden Kirschbaum und Apfelbäumen, die soeben knospen, liegen die Sphingen – zwei weibliche Figuren mit Tierleibern. Der Sockel der einen trägt eine rätselhafte Inschrift: Wer nicht mit „hochgezogenen Augenbrauen" und „angespannten Lippen" geht, so heißt es mit Bezug auf eine Stelle bei Ariost, „dem wird es an Bewunderung gebrechen" (für die Sieben Weltwunder). Ich gehe weiter und komme an eine Weggabelung. Es zieht mich nach rechts auf den Weg, der in die Schlucht hinunterführt. Das könnte sich als unheilvolle Entscheidung erweisen. Am oberen Ende der Stufen bleibe ich vor zwei Riesenfiguren stehen, die einen bösen Kampf

45

Oben links: Der Kampf zwischen Herkules und Cacus steht für den mühsamen Weg des Menschen zur Selbsterfüllung.

Oben rechts: Der geflügelte Pegasus ist ein Symbol des Hauses Farnese. Die Schildkröte soll daran erinnern, dass es sich empfiehlt, langsam und überlegt zu handeln.

miteinander austragen – Herkules hält den Cacus mit dem Kopf nach unten. Es ist ein Kampf zwischen Gut und Böse. Ich sehe, dass Cacus sich Halt verschafft, indem er seinen riesigen Fuß – der mehr als einen Meter lang ist – gegen die Mauer stemmt. Dann wandern meine Augen zu dem wirbelnden, magischen Wasserfall gegenüber. Eine Gruppe mythologischer Wesen säumt den weiteren Weg entlang der Schlucht, im Vordergrund der geflügelte Pegasus. Pegasus hat viele symbolische Bedeutungen, aber hier im *Sacro Bosco* steht er für die Familie Farnese. Die Schildkröte am fernen Ende des Weges kann als Mahnung gesehen werden, die Dinge nicht zu überstürzen. Die Inschrift auf dem Sockel verspricht demjenigen Glück, „der es versteht, langsam zu gehen".

Der Heilige Hain von Bomarzo wurde im 16. Jahrhundert von Fürst Vicino Orsini geschaffen, nachdem dieser seine geliebte Frau Giulia Farnese verloren hatte. Der Fürst stürzte sich in die Planung des *Sacro Bosco*, um seinen Schmerz zu lindern – aber auch weil er sich als Statussymbol des Hauses Orsini einen spektakulären Garten wünschte, den er im kleinen Tal unterhalb des Palastes der Orsini im Städtchen Bomarzo anzulegen beschloss. Unterstützung suchte er bei dem vielseitigen Architekten Pirro Ligorio, der auch der Architekt der Villa d'Este (siehe Seiten 34–39) und der Villa Pia in den vatikanischen Gärten war. Ligorio schreibt in seinem Buch *Libro delle antichità di Roma* von 1553, ein Architekt müsse nicht nur zeichnen und malen können, sondern auch „die Künste verteidigen und sich in der Philosophie, der Musiktheorie, der Symmetrie, der Mathematik, der Astronomie, der Historie, der Topographie und den Gesetzen der Perspektive auskennen." Seine Kenntnisse in der Symmetrie brauchte Ligorio bei der Anlage des Monstergartens von Bomarzo allerdings nicht heranzuziehen.

Ich setze meinen Weg fort und komme zu einer Felsnische mit den Reliefs der drei Grazien. Die drei jungen Nymphen symbolisieren Reinheit, und vermutlich hatte Pirro Ligorio hier seine drei Töchter Rosa, Chiara und Lucrezia im Sinn. Die Venus der Monti Cimini, die in einer Muschel steht, gewährleistet die Fruchtbarkeit des Gartens. Dessen oberen Teil erreicht man über einige Stufen, die an einem schiefen Haus vorbeiführen. Was für eine absurde Idee, einen

überhängenden Felsen für den Bau eines Hauses zu nutzen! In der Tat, der Signor Ligorio schöpfte seine Fantasie voll aus. Auf der oberen Terrasse sitzt eine elegante Riesin am Boden. Es ist die Göttin Ceres, die einen Brotkorb auf ihrem schönen Kopf balanciert. Ich versuche, zwischen zwei Baumstämmen hindurch ein Foto von ihr zu machen, aber die Schatten werden ihr wohl nicht gut bekommen. Ein paar Schritte weiter treffe ich auf den Elefanten – nach Ligorio das weiseste aller Tiere. Der Elefant stand auch für die Siege und Niederlagen der Römer. Warum er hier einen römischen Legionär im Rüssel trägt, darauf kann jeder sich seinen eigenen Vers machen.

Der *Sacro Bosco* ist ein Rätsel. Häufig wird er als Labyrinth beschrieben, in dem sich symbolische Bedeutungen entdecken lassen, oder als Zauberwald, der für die Geheimnisse der Natur und für jene spirituelle Welt steht, die der Mensch betreten muss, um den Sinn des Lebens zu erkennen. Vielleicht könnte ich der Lösung des Rätsels näher kommen, wenn ich die *Hypnerotomachia Poliphili*, den „Liebestraum des Poliphilus", von Francesco Colonna (1433–1527) lesen würde. Die Schöpfer der italienischen Renaissancegärten standen sämtlich unter dem Einfluss von Colonnas allegorischen Texten und der von ihm geschaffenen Figuren. Der Monstergarten von Bomarzo ist eines der besten Beispiele des Manierismus, des populären Kunststils zwischen Hochrenaissance und Barock. Die manieristischen Künstler erprobten ihre Grenzen und arbeiteten kühner und verspielter als je zuvor. Nach ihrer Ansicht musste ein Kunstwerk – ob Bild, Skulptur oder Garten – die Emotionen aufrühren. Es sollte den Betrachter lachen, vor Furcht weinen oder aber – angesichts einer vollkommen absurden oder bizarren Schöpfung – ganz einfach verwundert starren lassen.

Es muss eine unglaubliche Erfahrung gewesen sein, den Zauberwald zu entdecken und zu beobachten, wie die Figuren unter den Schichten von Moos und Flechten allmählich zum Vorschein kamen. Vielleicht wird der *Sacro Bosco* eines Tages von neuem überwuchert sein. Ich verlasse den Zauberwald, bereichert durch diesen Besuch, aber mit ebenso vielen Fragen im Sinn wie zuvor. Das Rätsel von Bomarzo bleibt ungelöst, und vielleicht soll das auch so sein.

Oben links: Die monumentale Figur der Ceres, der Göttin der Ernte, inmitten von Moos und anderem Bewuchs.

Oben rechts: Ein Kriegselefant hält einen Soldaten in seinem Rüssel.

GARTENRÄUME AUF EINEM LANDSITZ
VON LAVINIA TAVERNA (1950ER-JAHRE) UND RUSSELL PAGE (AB 1967)

Landriana

Tor San Lorenzo

Die Gärten des bezaubernden Landsitzes Landriana in Tor San Lorenzo südlich von Rom blühen das ganze Jahr über. Im Frühjahr haben die Zwiebelpflanzen, die Magnolien und nicht zuletzt der wundervolle Apfelgarten ihre große Zeit. Später übernehmen die Rosen die Herrschaft; dann ist ein ganzer Hang mit einem spektakulären Meer von rosa-orangefarbener *Rosa chinensis* 'Mutabilis' bedeckt.

Landriana liegt in den ehemaligen Pontinischen Sümpfen, keine fünf Kilometer vom Mittelmeer entfernt. Die Eigentümer, die Familie Gallerati-Scotti, erwarben das Ackerland Ende der 1950er-Jahre bei einer Auktion. Zu dieser Zeit bestand das Anwesen nur aus einem einfachen Bauernhaus, Viehweiden und ein paar Pinien. Marchesa Lavinia Taverna Gallerati-Scotti pflanzte zunächst eine große Menge von Mehrjährigen, Rosen und Sukkulenten. Sie wuchsen wild durcheinander in einer recht planlosen Rabatte, und die Eigentümerin stellte bald fest, dass sie die Hilfe eines Fachmannes brauchen würde, um einen stimmigen und ästhetischen Garten zu schaffen. Sie wandte sich an den Landschaftsarchitekten Russell Page, der 1967 mit dem Entwurf des Gartens begann. Der heutige Garten ist das Ergebnis ihrer Zusammenarbeit. Page war für den Gesamtplan zuständig, Lavinia für die Farbgebung und die Gestaltung der Details.

Oben links: Der in den 1980er-Jahren angelegte romantische See.
Oben rechts: Im Orangengarten wurden Ahorne (*Acer platanoides* 'Globosum') und kleine Bitterorangenbäume (*Citrus aurantium*) in einem regelmäßigen geometrischen Muster gepflanzt. Kugeln aus beschnittener Myrte säumen die Wege, und Pfennigkraut (*Lysimachia nummularia*) dient als Bodendecker.
Unten rechts: Russell Pages Rabatte aus grauen Mittelmeerpflanzen wurde mittlerweile von ihrem ursprünglichen Platz am Haus in die Nähe des Garteneingangs verlegt.
Hier stehen *Cistus, Westringia rosmarinifolia, Convolvulus cneorum, Artemisia arborescens.*
Unten links: Die Gelbe Rabatte vom Haus aus gesehen. Unter den Pflanzen sind *Gleditsia triacanthos* 'Sunburst', *Lonicera nitida* 'Baggesen's Gold', *Abutilon megapotamicum* und verschiedene Arten von *Copromsa.* Weiter hinten stehen *Viburnum tinus, Ilex aquifolium* 'Aurea Marginata', *Olearia solandri* und *Osmanthus heterophyllus* 'Goshiki'.

In dem Buch *Russell Page – Ritratti di giardini italiani* beschreibt Lavinia die Entwicklung dieses ersten gemeinsamen Projekts.

„Es kam nicht gerade auf die übliche Art zustande – indem der Architekt vorbeikommt, um den Garten in Augenschein zu nehmen und dann Pläne zu zeichnen. Die Ideen entwickelten sich nach und nach, während Russell im Garten umherging. Er sagte zum Beispiel: 'Hier könnten wir dieses und jenes tun', dann sprachen wir eine Weile darüber, und er gab mir eine ungefähre Vorstellung von den wesentlichen Dingen, die getan werden mussten, und eine Menge guter Ratschläge, die ich dann bis zu seinem nächsten Besuch befolgte … Er hat immer gesagt, es machte die Sache einfacher, wenn man Maße verwendet, die sich durch drei teilen lassen. Ein Pfad sollte neunzig Zentimeter breit sein, eine Rabatte drei Meter und so weiter. Russell war der Ansicht, durch drei teilbare Maße seien harmonischer als andere."

Page regte an, die beiden Gartenzimmer zu schaffen, die heute als der Olivengarten und der Orangengarten bekannt sind. Der Olivengarten war der Ort, wo Lavinias Pflanzensammlung ein neues Zuhause finden sollte. In ihrem Buch *La Compagnia di un Giardino* beschreibt Lavinia Pages „sehr individuellen" Pflanzstil.

„Er entschied sich dafür, keine Reihen zu pflanzen, sondern unterschiedliche Arten in Gruppen zusammenzusetzen und diese dann gleichmäßig über das Areal zu verteilen. Die Wirkung entsprach der eines großen Orientteppichs, in dem sich die Farben über die gesamte Fläche hinweg in regelmäßigen Abständen wiederholen."

Der Olivengarten wurde mit Zypressen eingefasst, die Lavinia auf Pages Rat hin kurz geschnitten hielt, um einen Blick von einem Garten zum anderen zu gestatten. Die Bepflanzung ist in Lila-, Malven- und Gelbtönen gehalten, während das grüne und silbergraue Laub der Olivenbäume den Hintergrund bildet. Anfang April beginnen sich gelbe und weiße Tulpen zu zeigen. Etwas später gesellen sich die hohen Kugeln von *Allium rosenbachianum* dazu. Gelbe Goldnesseln (*Lamium galeobdolon*) dienen als Bodendecker; dazu kommen Schwertlilien und alte Heilpflanzen wie die Raute (*Ruta graveolens*) mit ihren buttergelben Blüten, die buschige bronzefarbene Eberraute (*Artemisia abrotanum*) und der Wermut (*Artemisia absinthium*). Im Mai beginnen die gelben Rosen zu blühen, ein atemberaubender Anblick vor dem Hintergrund der verblassenden Alliumkugeln. Es ist fast ein Wunder, dass ein so üppig blühender Garten in diesem heißen trockenen Klima überleben kann. Alessandra Vinciguerra, die seit 1999 die Gärten von Landriana leitet, hat alle Hände voll zu tun, wenn es den Pflanzen gut gehen soll:

„Viele Pflanzen sterben an Wassermangel. Es ist schwierig, die richtige Bewässerung für jeden Gartenraum zu gewährleisten. Schwertlilien brauchen eine gewisse Feuchtigkeit; sie kön-

Gegenüber:
Oben links: Rosa chinensis 'Mutabilis' mit dem Paternosterbaum (*Melia azedarach*) im Tal der Mutabilis-Rosen.
Oben rechts: Im Olivengarten schweben die purpurnen Blüten des *Allium rosenbachianum* über Beeten mit Heiligenkraut, Fenchel und Salbei.
Unten rechts: Der Italienische Garten – Magnolien säumen ein aus Lorbeerhecken angepflanztes Muster aus ineinander greifenden Quadraten und Rechtecken. Der Boden ist mit purpurner *Verbena peruviana* bedeckt.
Unten links: Der Weiße Weg, gesäumt von weiß und blassrosa blühenden Pflanzen, darunter Lilien, Katzenminze, Hibiskus, *Rosa* 'Penelope' und *Salvia leucantha*.

Oben: Citrus aurantium im Orangengarten.

Gegenüber: Rosa glauca im Tal der Mutabilis-Rosen. Hunderte von Rosenbüschen wachsen auf dem zum See hin abfallenden Hang.

nen auf die Dauer nicht unter Olivenbäumen überleben, die ein trockenes Klima bevorzugen. Vielleicht mache ich aus dem Olivengarten irgendwann einen Küchengarten mit grau- und grünblättrigen Kräutern."

Im Orangengarten wurden Orangen- und Ahornbäume (*Acer platanoides* 'Globosum') zu einem geometrischen Muster gepflanzt. Kugelförmig geschnittene Myrten säumen die Pfade.

Bei seinem zweiten Besuch schlug Russell Page vor, den Weißen Weg zu schaffen – eine lange Reihe flacher Stufen, gesäumt von weiß und blassrosa blühenden Mehrjährigen, Kletter- und Strauchrosen; davor wachsen Schleifenblumen, Grasnelken und Salbei. Es macht Spaß, gemächlich die lange Treppe hinaufzuschlendern und sich an den Düften zu freuen, bevor man den Italienischen Garten erreicht. Dieser formale grüne Gartenraum gehört zu Pages berühmtesten Entwürfen. Er besteht aus Lorbeerhecken, die in einem Muster aus ineinander greifenden Quadraten und Rechtecken gepflanzt sind; eingefasst wird er von Magnolienbäumen (*Magnolia grandiflora*), und die Flächen wurden einfach mit einem violettrosa blühenden Bodendecker, der Verbene *Verbena peruviana*, ausgefüllt.

Lavinia baute den Garten auch nach Pages Tod im Jahr 1985 weiter aus; tatsächlich arbeitete sie noch bis zu ihrem eigenen Tod Ende der 1980er-Jahre daran weiter. Das Tal der Mutabilis-Rosen, der größte der Gartenräume, fällt zum See hin ab. Der gesamte Hang ist mit Rosen bedeckt; sie wachsen in einem von grasbewachsenen Pfaden durchzogenen Teppich aus Thymian, Lavendel, Katzenminze und anderen Mehrjährigen. Die derzeitigen Eigentümerinnen, Lavinias Töchter, erwägen den Garten zu vergrößern und einen Weg um den See herum anzulegen.

Vom See aus führt eine Treppe durch den Wald hinauf zum Apfelgarten, einem schattigen Hügel, bewachsen mit Bärenklau (*Acanthus mollis*) und anderen Pflanzen mit unterschiedlich geformtem Laub. Im April sind die blühenden Bäume so schön, dass man meinen könnte, durch den Garten Eden zu gehen. Um diese Jahreszeit ist der Boden bedeckt mit Veilchen und winzigen Spanischen Gänseblümchen (*Erigeron karvinskianus*).

Während ihrer letzten Jahre saß Lavinia oft, von ihrer Krankheit geschwächt, in einem Korbstuhl auf der bezaubernden Veranda ihres Hauses und sah hinüber zur Gelben Rabatte, einer Mischung aus Rosen, Kletterpflanzen und anderen Blumen in ihrer Lieblingsfarbe.

Auf dem Weg zurück zum Tor komme ich an einem knorrigen Jacarandabaum vorbei. Der Baum stammt aus Sizilien und war ein Geschenk von Lavinias Vater, als die Familie das Anwesen 1958 kaufte. Mittlerweile hat er seine besten Tage hinter sich und bietet einen etwas melancholischen Anblick. Aber er lebt noch immer.

DER CASINOGARTEN
HAUS UND HAUPTGARTEN ENTWORFEN VON GIACOMO BAROZZI DA VIGNOLA, AB 1547

Oben: Eine Brücke führt vom Palast aus zu den beiden symmetrisch angelegten Gärten, die durch Pfade in je vier große Quadrate unterteilt werden.

Gegenüber: Vor dem Blauen Casino flankieren zwei Flussgötter eine riesige Urne, aus der Wasser sprudelt. Zu ihren Füßen rinnt das Wasser eine aufwändige Treppe hinunter und fällt dann aus dem Maul eines Seeungeheuers in ein muschelförmiges Becken.

Villa Farnese

Caprarola

Dem Besucher, der von der Hauptstraße her in das Städtchen Caprarola hineinfährt, bietet sich ein denkwürdiger Anblick. Am Ende der steilen Hauptstraße liegt der riesige, im sechzehnten Jahrhundert von Kardinal Alessandro Farnese errichtete fünfeckige Palazzo Farnese, mit dem der Kardinal eine alte Festung in ein Lustschloss mit angrenzenden Gärten verwandelte. Der Palazzo Farnese, eines der berühmtesten päpstlichen Machtzentren, steht in seiner Riesengröße in keinem Verhältnis zu dem winzigen Ort mit seinen bescheidenen mittelalterlichen Häusern an der Hauptstraße und den kleinen Seitenstraßen.

Der Architekt Giacomo Barozzi da Vignola (1707–1573) entwarf Palast und Gärten als symmetrische Einheit. Die Gärten liegen hinter dem Palast und sind nur durch das Gebäude zugänglich. Die vollkommene Symmetrie der Villa Farnese erschließt sich, wenn man einen Blick auf den Plan wirft. Eine Doppeltreppe führt zum Eingang hinauf. Der vordere Hof empfing einstmals die Kutschen der eintreffenden Gäste; von hier aus fuhren sie weiter bis in den Innenhof, wo die Besucher im Schutz der Palastmauern aussteigen konnten. Die Wendeltreppe ist mit ihren bemalten Wänden und Doppelsäulen in sich selbst schon ein Kunstwerk. Dargestellt sind Motive aus der Geschichte des Hauses Farnese. Der Blick aus den großen Fenstern über den Ort und die umgebende Hügellandschaft hin vermittelt einen Eindruck davon, was einstmals zum Besitz der Familie gehörte – Häuser, Kirchen, Wälder und Ackerland. Über den Kartenraum, die *Sala Mappa del Mondo*, und die Staatsgemächer erreicht man die Wohnräume – zwei symmetrisch angelegte identische Suiten, von deren Schlafzimmern aus man über die formalen Gärten hinausblickt. Eine der Suiten war für den Ehrengast bestimmt, in der anderen wohnte der Hausherr selbst.

Über die Brücke, die einen trocken gelegten Graben überquert, erreicht man die beiden formalen Gärten. Der eine liegt nach Nordosten, der andere nach Südwesten – ein Sommer- und ein Wintergarten. Die Gärten sind jeweils in vier große Quadrate unterteilt, die durch zwei sich

Auf der zweiten Terrasse des Casinogartens stehen Berninis Flüsternde Hermen mit Vasen auf den Köpfen. Bei einigen von ihnen ist das Emblem der Farnese, die Lilie, in den Stein gemeißelt.

kreuzende Pfade voneinander getrennt sind. Im sechzehnten Jahrhundert waren die aus Buchsbaumhecken gebildeten Ornamente mit Blumen bepflanzt.

Aber wir halten uns hier nicht lang auf; stattdessen machen wir einen Spaziergang durch die umliegenden Wälder, an Wacholderbäumen, Eichen, Kiefern und Kastanien vorbei. Die Luft ist frisch und klar, gesprenkeltes Sonnenlicht fällt durch die Blätter, und die Bäume spenden Schatten. Alessandro Farnese nannte seinen Garten seinen *parchetto*, seinen kleinen Park. Im Frühling ist der Boden hier mit Veilchen, Anemonen und anderen früh blühenden Blumen bedeckt. Ein kleines Haus kommt in Sicht, eine Miniaturversion des Palastes – ein Casino. Dieser Teil der Anlage, der Casinogarten, ist als eine Reihe von Terrassen gestaltet. Er wurde zum größten Teil in den ersten Jahrzehnten des siebzehnten Jahrhunderts für Kardinal Odoardo Farnese angelegt und diente als Lustgarten, als *hortus deliciarum*, nach dem lateinischen Wort *delicium*, das Entzücken oder sinnliches Vergnügen bedeutet. Er sollte ein Zufluchtsort sein, an den die Familie sich zurückzog, um ihr Privatleben zu genießen, nur einen Spaziergang von der offiziellen Welt des Palastes entfernt. Auch einen Essplatz im Freien gab es hier. Das Wasser stammt aus einem ovalen Becken, an dem zwei Flussgötter ruhen. Es tanzt und plätschert eine wundervolle Wassertreppe hinunter und glitzert so hell wie in der Villa Lante (siehe Seite 20–25). Wasser ist ein wichtiges Element in den meisten Gärten der sauberen, wasserreichen Cimini-Berge. Unten liegt ein ovales Becken, in dem sich das Wasser sammelt, um dann als Springbrunnen hoch in die Luft zu steigen. Das Casino diente den italienischen Ministerpräsidenten während der sechziger und siebziger Jahre des 20. Jahrhunderts als Ferienhaus, und so gab es wenig Gelegenheit, dieses in den Wäldern versteckte Juwel zu besichtigen. Auf der zweiten Terrasse stehen die Reihen der „flüsternden Hermen" vor makellos gestutzten und in Mustern angepflanzten Buchsbaumhecken. Die Hermen wurden Anfang des siebzehnten Jahrhunderts im Auftrag Girolamo Rainaldis von Bernini geschaffen. In Odoardo Farneses Testament aus dem Jahr 1626 wird erwähnt, dass zum Garten außerdem fünfundfünfzig Obstbäume in riesigen Urnen gehörten, dazu in Pfauenform gestutzte Myrten und zehn weitere Urnen mit Myrtenbüschen, die das Wappen der Familie Farnese bildeten. Auf den steinernen Balustraden, die zur obersten Terrasse hinaufführen, quillt Wasser aus den Mäulern steinerner Delphine und fällt in Muscheln. In jeder Hinsicht ist dies ein Garten für einen Kirchenfürsten.

DAS OTTAVIA-ORSINI-PARTERRE
PALAST NACH ENTWURF VON ANTONIO DA SANGALLO D.J., 1531–1538
SÜDTEIL DES GARTENS NACH ENTWURF VON GIACOMO BAROZZI DA VIGNOLA, 1611
PARTERRE SIGNIERT OTTAVIA ORSINI, 1611; ENTWERFER UNBEKANNT

Schloss Ruspoli

Vignanello

Die schmale Straße durch den Ort Vignanello biegt auf der Höhe einer kleinen platzartigen Erweiterung scharf nach links ab. Von hier geht der Blick geradeaus auf das Schloss, das sich majestätisch über der Ortschaft auftürmt. Am Außenbau weist allerdings nichts darauf hin, dass sich hinter den dicken Mauern das berühmteste Buchsparterre Italiens verbirgt.

Schloss Ruspoli ist ein sehr eindrucksvoller, mit seiner anonymen grauen Steinfassade aber auch etwas erschreckender Bau. Es hat eine Zugbrücke mit schweren Ketten, und über dem Eingang prangt das Familienwappen. Das Schloss besitzt vier Verteidigungstürme, an jeder Ecke einen, und einen tiefen wasserlosen Graben. Wenn das Tor sich öffnet, scheint auf der anderen Seite, weit weg, etwas Grünes aufzuschimmern – der Garten.

Es waren Benediktinermönche, die im 9. Jahrhundert die ursprüngliche Klosterfestung im Zentrum der Ansiedlung gründeten und sie dann über Jahrhunderte hinweg erfolgreich gegen Angriffe von außen verteidigten. Im 16. Jahrhundert war man dann aber nicht länger auf einen Verteidigungsbau angewiesen, und das mittelalterliche Kastell wurde zu einem befestigten Wohngebäude umgebaut. Die Pläne fertigte wahrscheinlich Antonio da Sangallo d. J. im Jahre 1531 auf Veranlassung des damaligen Besitzers Alfonso Marescotti. 1574 schloss Graf Marcantonio Marescotti die Ehe mit Ottavia Orsini, der Tochter des Vicino Orsini, der seinerseits den Garten in Bomarzo (*siehe Seiten 44–47*) anlegen ließ. Nach dem Tod ihres Mannes übernahm Ottavia die Verantwortung für den Familienbesitz, da ihre Söhne noch minderjährig waren.

Ottavia, eine umsichtige und intelligente Frau, die in einer kultivierten Familie aufgewachsen war, lebte in einer Zeit, in der die Ideen und

Ottavia Orsinis Initialen, OO, wurden unter ihrer Ägide im frühen 17. Jahrhundert in das Buchsparterre eingeschnitten.

Das historische Buchsparterre ist auf einer terrassierten Fläche angelegt. Von oben sind die darin eingearbeiteten Initialen Ottavias und ihrer Söhne Sforza und Galeazzo deutlich zu erkennen. Die Buchstaben F und R stehen für Francesco Ruspoli.

Ideale der Renaissance einen gewaltigen Einfluss auf die adlige Gesellschaft ausübten. Diese Ideale werden auch in dem Garten sichtbar, den sie anlegen ließ. Nachdem das Kastell ja bereits zum Renaissancepalast geworden war, ließ Ottavia das ummauerte und zum Teil steile Gelände zu einer großen flachen Terrasse umgestalten. Über ein neues Tor an der Ostseite und eine Brücke über den Festungsgraben war das Areal nun leicht zu erreichen. Den gesamten Komplex umgaben eine Mauer und Kastanienbäume. 1611 ließ Ottavia auf der terrassierten Fläche ein Parterre anlegen, dessen beschnittene Buchshecken dekorative Muster miteinander bildeten.

Das Parterre wird von fünf Quer- und von zwei Hauptachsen unterteilt, die den Blick in die umgebende Landschaft lenken. Davor liegen ein Obstgarten und ein Gehölz. Heute wird dieser Bereich gelegentlich für Konzerte genutzt.

Parterres betrachtet man am besten aus der Kavaliersperspektive. Wenn wir die steilen Treppen nach oben bewältigt haben, vorbei an den mit alten Kriegslanzen dekorierten Wänden, stehen wir im vierten Geschoss des Schlosses Ruspoli. Tief unten liegt das Buchsparterre ausgebreitet wie ein Teppich. Mit seinen zwölf rechteckigen Kompartimenten und dem dazwischen gestreuten Sand, der die Muster noch deutlicher hervortreten lässt, sieht es beinahe aus wie eine geometrische Formel.

Chefgärtner Santino ist damit beschäftigt, den Buchs mit einem sichelartigen, halbmondförmigen und sehr scharfen Messer zurückzuschneiden, einem Gerät, das im Italienischen als *falcetto* bezeichnet wird. Er bringt die beiden „O"s für Ottavia Orsini in Form, die sich in mehreren Kompartimenten finden. Das dem Haus nächstgelegene Mittelbeet enthält auch die Initialen der beiden Söhne, Sforza und Galeazzo, wobei die gegeneinander geordneten Buchstaben S und G in ihrer Kombination ein vollkommenes Muster bilden. Wir wissen nicht, wer das Parterre entworfen hat, aber da Ottavia ihren Garten beinahe wie ein Kunstwerk signiert hat, können wir wohl annehmen, dass der Entwurf von ihr selbst stammt.

Die Buchshecken werden zweimal im Jahr gestutzt, eine Arbeit, mit der Santino jedes Mal wochenlang beschäftigt ist. Schloss Ruspoli hat 1999 Fördermittel von der EU bekommen, und die Parterres sind mittlerweile alle überholt und restauriert worden. Sie sind fraglos ein bedeutsamer Teil unseres europäischen Kulturerbes.

Auf der rechten Seite des Anwesens befindet sich der kleine *giardino segreto*, der Privatgarten. Er ist als Senkgarten angelegt, und seine niedrigen Buchshecken bilden Muster miteinander – Rechtecke, Kreise und Dreiecke, ja sogar ein Herz. In den Felsen hat man eine kleine Höhle gehauen, die an heißen Sommertagen wahrscheinlich als Speiseraum im Freien diente. An den Felswänden klettern Rosen empor.

Im 18. Jahrhundert heirateten die Marescotti in die Familie Ruspoli ein. Heute ist Schloss Ruspoli im Besitz zweier Schwestern, Claudia und Giada Ruspoli. Da Giada in Südamerika lebt, kümmert sich vor allem Fürstin Claudia um Palast und Garten. Sie ist nicht nur für die Betriebsführung verantwortlich, sondern hat auch Pläne für die Zukunft. So möchte sie beispielsweise einen Teil des *giardino segreto* zum Restaurant oder zu einem Freilichttheater umfunktionieren. Solange der Finanzierungsplan dafür noch nicht steht, führt sie die Besucher durch das Anwesen. Häufig sitzt sie auch selbst, umgeben von ihren geliebten Schäferhunden, gleich hinter dem Eingangstor und verkauft Eintrittskarten.

Im Schatten großer Bäume und umgeben von Hortensien in krakelierten Tongefäßen können die Familienmitglieder sich entspannen.

Eine Leidenschaft für Bäume
Russell Page in Zusammenarbeit mit dem Kunsthistoriker Donato Sanminiatelli ab 1964

San Liberato

Bracciano

Ich spaziere zu Jazzklängen durch den harmonischen Garten von San Liberato oberhalb des Lago Bracciano nördlich von Rom. Der Eigentümer, Andrea Sanminiatelli Odescalchi, legt gerade eine Pause ein und vertreibt sich die Zeit mit dem Saxophon. Die Klänge dringen durch das Fenster über der kleinen, im vierten Jahrhundert errichteten und im neunten umgebauten Kirche ins Freie. Die alte Kirche ist das einzige Gebäude, das von dem römischen Marktflecken noch übrig ist, der sich einmal an dieser Stelle befand.

San Liberato liegt hoch oben auf einem Berg und überblickt den runden Vulkansee Lago Bracciano. Noch vor fünfzig Jahren war die steile Bergkuppe nur mit Pferd und Karren zu erreichen. Heute ist der See ein beliebtes Urlaubsziel für die Leute aus Rom und dem Latium. Weit entfernt jenseits der Wasserfläche klammert sich das malerische Fischerdorf Anguillara an seinen Berghang. Im Vordergrund heben sich die weißen Segel kleiner Boote lebhaft gegen das dunkelblaue Wasser ab. In der Stadt Bracciano überragt das märchenhafte Castello Odescalchi, das auch heute noch im Besitz der ehemals päpstlichen Familie seiner Erbauer ist, alle anderen Gebäude. Auch der von Wäldern, Olivenhainen und Ackerland umgebene Landsitz San Liberato gehört der Familie.

Andreas Vater war der Kunsthistoriker Graf Donato Sanminiatelli, und er heiratete Maria, geborene Odescalchi. Als das jung verheiratete Paar 1961 nach San Liberato kam, verliebten sich die beiden in den Ort und beschlossen, hier ein Haus zu bauen und einen Garten anzulegen. Donato war ein begeisterter Hobbybotaniker mit einer besonderen Vorliebe für Bäume, und er machte sich sofort auf eigene Faust an die Arbeit. So entstanden die ersten Terrassen und eine große Rasenfläche vor dem Haus. Aber nach einer Weile stellte er fest, dass er Hilfe brauchen würde, um den einzigartigen Garten zu schaffen, der ihm vorschwebte. Er war entschlossen, den besten Landschaftsarchitekten zu finden. Nach eingehenden Recherchen ent-

Vom Sommerhaus aus geht der Blick durch das Laub der wundervollen Bäume über den Lago Bracciano hinaus. Wenn das Wetter kalt wird, was in der Regel im November geschieht, nehmen die Bäume und Büsche eine atemberaubende Herbstfärbung in Rot-, Orange- und Gelbtönen an.

schied er sich für Russell Page, der zu diesem Zeitpunkt gerade mit dem Landschaftsgarten von Villar Perosa in Turin beschäftigt war. Auch die Gärten von Landriana und La Mortella wurden von Russell Page entworfen (siehe Seite 48 und 74).

Als Page 1964 in San Liberato eintraf, war er sofort fasziniert von dem, was er vorfand. Er äußerte sich begeistert über „irgendetwas Radioaktives im Boden, das die Vegetation in einem bemerkenswerten Maß stimuliert". Lago Bracciano ist ein erloschener Vulkan, und der Boden ist dementsprechend sehr mineralienreich. Bäume können hier innerhalb eines Jahres um mehr als einen Meter wachsen. Pages Ziel war es, den Garten in die umliegende Landschaft zu integrieren und das Interesse der Familie an mediterranen Pflanzen mit den Prinzipien zu kombinieren, die der englischen Gartentradition zugrunde liegen. Mit diesen Absichten begann die Zusammenarbeit zwischen ihm und Donato Sanminiatelli.

Andrea, Donatos Sohn, erinnert sich an den Garten seiner Kindheit in den sechziger Jahren: „Als ich ein Kind war, waren die Bäume nicht über einen Meter hoch. Russell hat sehr dicht gepflanzt. Er wollte rasch Ergebnisse zu Gesicht bekommen, nach Möglichkeit schon nach fünf oder sechs Jahren. Wer hierher zu Besuch kam, glaubte seinen Augen nicht trauen zu können. Wie war es möglich, dass ein so neuer Garten schon so hohe Bäume und solche Riesenpflanzen hatte?"

Der Garten ist als englischer Landschaftspark angelegt und wird von einem Rasenhang dominiert. Das Gelände ist von einem Kastanienwald umgeben, und die zugrunde liegende Form wird oft als ein Amphitheater beschrieben, weil der Wald den Garten in einem Halbkreis umschließt. Will man die dahinter steckenden Prinzipien verstehen, muss man bei den drei wichtigsten Blickachsen beginnen. Die Erste führt vom Haus zum glitzernden Wasser des Lago Bracciano hinunter, der zwischen zwei Kirschbäumen eben noch zu vermuten ist. Sie ist wie

eine geheime Öffnung, die von außen nicht zu erkennen ist. Die zweite gedachte Linie führt das Auge zu einer Baumgruppe, an der man nach einem sorgsam ausgearbeiteten Plan die Farben der wechselnden Jahreszeiten beobachten kann. Die Magnolienallee bildet eine dritte Achse zum Wald hin und verbindet die gezähmte Natur mit der Wildnis. Folgt der Besucher dem Licht am Ende des Tunnels, bringt der Pfad ihn zu einem Dickicht von Bambus, Azaleen, Kamelien und Hortensien – *Hydrangea macrophylla* ‘Blue Wave’ und *H. aspera* subsp. *sargentiana* – mit großen, schweren Blüten, die dank des hohen Eisengehalts des Bodens einen besonders leuchtenden Blauton haben.

Der Garten ist in Räume mit unterschiedlichen Grundthemen aufgeteilt; so gibt es den Rosengarten, die Mehrjährigenrabatte, den Kräutergarten und die vier Baumzonen. Bei der Anlage des Gartens ging man von der Kirche als dem natürlichen Bezugspunkt aus. Neben der Kirche wurde ein Garten mit Heilkräutern angepflanzt, durchzogen von einem Netzwerk von Pfaden und gefüllt mit niedrigen Strauchpflanzen, darunter Abelien, Pfeifenstrauch, *Pittosporum tobia*, Zistrosen (*Cistus monspeliensis*, *C. incanus* und *C. albidus*) und Strauchigem Brandkraut (*Phlomis fruticosa*). Auch die außergewöhnliche Sammlung von Säckelblumen, die in vielen Blauschattierungen vom Frühjahr bis in den Herbst blühen, sollte man nicht vergessen. Ein grauer Gartenraum mit vielen kleinen Abteilungen erinnert an einen Klostergarten. An den knorrigen alten Olivenbäumen inmitten der silberfarbigen Bepflanzung klettern blassrosa Rosen hinauf. Die Beete sind mit verschiedenen Lavendelsorten, darunter *Lavandula angustifolia* ‘Hidcote’, und Heiligenkraut (*Santolina chamaecyparissus*) sowie Wermut (*Artemisia*) und mehreren Salbeisorten bepflanzt.

Das Haus wurde ganz am Ende des Grundstücks errichtet und fügt sich in die umgebende Landschaft ein. Es sollte den Eindruck erwecken, schon immer dort gestanden zu haben. Heute ist die Fassade mit Jasmin und Kletterrosen bedeckt. Von ferne hört man das Plätschern des Wassers im Steinernen Brunnen. Vor dem Haus liegt versteckt hinter einer beschnittenen Lorbeerhecke ein Teich. Der Fußweg dorthin wird von der weißen Rose ‘Iceberg’ gesäumt, für die Russell Page eine große Vorliebe hatte. Von der Veranda aus kann der Wechsel der Jahreszeiten verfolgt werden. Ein Höhepunkt ist Ende November und Anfang Dezember erreicht, wenn die Blätter vielfältige Rot-, Gelb- und Orangeschattierungen annehmen.

San Liberato ist ein Arboretum, und die Bäume wurden mit großer Sorgfalt nach ihrer Form, ihrer Farbe oder dem Aussehen ihrer Rinde ausgewählt. Ich bin im Dezember gekommen, um die Herbstfarben zu fotografieren und auch, um den alten Ginkgo zu studieren. Auch der *Ginkgo biloba* hat sich nach einem warmen Herbst jetzt endlich gelb gefärbt. Andrea Sanmi-

Gegenüber:
Oben links: Ginkgos (*Ginkgo biloba*) schimmern golden im spätherbstlichen Licht.
Oben rechts: Ein herbstliches Stillleben aus Fächerahorn, Pampasgras mit silbrigem Gefieder, Amberbaum (*Liquidambar styraciflua*) und dem alten Ginkgobaum.
Unten links und rechts: Japanischer Fächerahorn und Rotahorn.

niatelli, der Perfektionist, macht sich Sorgen, weil sich die Bäume ihre Herbstfarben nicht schon im November zugelegt haben. „Ich bin nur dann wirklich zufrieden, wenn sich alle Bäume gleichzeitig verfärben. Dieses Jahr haben die Ahorne, die Kaschmirzypressen (*Cupressus cashmeriana*) und die kanadische Felsenbirne (*Amelanchier canadensis*) sämtliche Blätter verloren, bevor der Ginkgo auch nur gelb geworden ist. Irgendwas stimmt nicht, es ist viel zu warm."

Der Silberahorn (*Acer saccharum*) hat leuchtend rotes Laub, ebenso wie *Amelanchier canadensis*. Der Wind seufzt stimmungsvoll in den Bäumen, und ich schiebe die Füße langsam durch einen Haufen glänzend roter, speerspitzenförmiger Blätter, die ein Wald-Tupelo (*Nyssa sylvatica*) abgeworfen hat. Der hohe Amberbaum (*Liquidambar styraciflua*) sieht aus wie ein Ahorn, hat aber zartere ausgezackte Blätter und kleine kantige Zapfen. Page gefiel es, dass er in San Liberato beliebig viel Platz hatte, was ihm die Möglichkeit gab, Bäume zu pflanzen, die sehr groß werden können. Als er nach fünfzehn Jahren zurückkehrte, stellte er fest, dass ein Tulpenbaum (*Liriodendron tulipifera*), der bei seiner Pflanzung im Jahr 1964 einen Meter hoch gewesen war, mittlerweile zu einer Höhe von zwanzig Metern herangewachsen war.

Beim Passieren eines Kampferbaums hebe ich ein Blatt vom Boden auf und zerreibe es in den Fingern. Es riecht wunderbar. Plötzlich höre ich Geräusche zwischen den Bäumen, und eine Familie von Rehen – acht, nein, zehn, elf … zwölf! – rennt auf der anderen Seite des Zauns vorbei. Ein großer, massiver Küstenmammutbaum sieht aus, als sei er an die zweihundert Jahre alt; später finde ich dann heraus, dass es gerade einmal siebenundzwanzig sind. Überall im Garten stehen Magnolien: *Magnolia denudata*, *M. stellata*, *M. sargentiana* 'Robusta', *M. soulangiana* und *M. fuscata*. Ein Taschentuchbaum (*Davidia involucrata*) hat kleine flatternde Blätter, die die Blüten schützen. Die schwedische Hängebirke *Betula pendula* 'Dalecarlica' war einer von Pages Lieblingsbäumen, aber sie sieht etwas kümmerlich aus, weil sie hier weniger Wasser bekommt als in ihrer natürlichen Umgebung.

„Im August, wenn ich mit meiner Familie ans Meer fahre, mache ich mir jedes Mal große Sorgen um das Gras", erklärt Andrea Sanminiatelli. „Wegen des Klimas ist es sehr schwer, in Mittelitalien einen Rasen zu erhalten. Es ist heiß und trocken, ganz anders als in England. Nur wenn es regnet, kann ich mich ein bisschen entspannen. Der Garten bedeutet das ganze Jahr über harte Arbeit, und seine Erhaltung ist außerdem sehr teuer. Die Besucher sind es, die das meiste Vergnügen an ihm haben, nicht die Eigentümer."

Die Familie hat das Anwesen 1990 für Besucher geöffnet, und um das Projekt in Gang zu halten, ist es notwendig, sich ständig etwas Neues einfallen zu lassen. Die alte Kirche wird gern für Hochzeiten genutzt, und der Empfang findet dann häufig im Garten statt. Seit ein paar Jahren werden im frisch renovierten Gewächshaus Kurse in Gartenbau und Botanikkurse für Blinde angeboten. Und Zukunftspläne gibt es reichlich. Russell Page hat zahlreiche Notizen hinterlassen – die Sanminiatellis versuchen seine Pläne Stück für Stück umzusetzen und seine Vorstellungen Wirklichkeit werden zu lassen. Das nächste Projekt könnte ein Teich für Wasserpflanzen mitten im Wald sein, der den beiden Töchtern gewidmet sein würde.

„Ich liebe diesen Ort", sagt Andrea Sanminiatelli. „Immer, wenn ich fortgehe, habe ich das Gefühl, dass es etwas ganz Besonderes ist, nach Hause zu kommen. Ich betrachte es als meine Pflicht, San Liberato für kommende Generationen zu erhalten."

Palazzo Patrizi

Giuliano

Im Dorf Giuliano ist sowohl Markttag als auch Rosenfest, und Marchesa Umberta Patrizi steht vor dem Eingang ihres Palastes und unterhält sich mit einer Nachbarin. Der historische Name des Palastes ist Castello Giuliano, und im Lauf der Jahrhunderte haben hier viele bedeutende Familien gelebt, aber die Patrizis, eine päpstliche Familie, die unter anderem Caravaggio förderte, sind seit 1546 die Eigentümer des Anwesens.

In der dramatischen Felslandschaft nördlich von Rom hat Umberta Patrizi, eine leidenschaftliche Rosenzüchterin, einen üppig blühenden Garten geschaffen, in dem das Hauptaugenmerk – natürlich – auf Rosen liegt. Jedes Jahr im Mai findet in dem kleinen Ort das Rosenfest statt. Es zieht Besucher aus der gesamten Umgebung an; sie kommen, um den Markt auf der Piazza vor dem Palasttor zu besuchen und an einer Führung durch den Garten teilzunehmen.

Castello Giuliano war ursprünglich eine Festung, eine Verteidigungsanlage. Die Gegend ist seit Jahrtausenden besiedelt. Noch immer finden sich Spuren der Etrusker, die vor und während der Römerzeit hier lebten. Das Gebiet liegt am Fuß der vulkanischen Monti della Tolfa, und archäologische Ausgrabungen haben in dem porösen Tuffstein reich ausgestattete etruskische Gräber zutage gefördert. Das Dorf Giuliano liegt nicht weit von dem Landsitz San Liberato am Lago Bracciano (siehe Seite 60–61) entfernt, und die Wuchsbedingungen sind hier ebenso gut – außer wenn die Wurzeln der Rosen im porösen Vulkangestein unversehens auf Luft- oder Gaseinschlüsse stoßen.

Die Marchesa, die einzige Gärtnerin des Anwesens, trägt ein Paar feste Stiefel, und man hat nicht den Eindruck, dass dies eine Frau ist, die schwere Arbeit scheut. Der Garten ist nicht for-

Der Garten des Palazzo Patrizi ist ein einziges Meer von Rosen aller Sorten; sie wachsen als frei stehende Büsche oder klettern dekorativ an den Mauern hinauf.

Rote und rosa Rosen klettern an der Freitreppe des Schlosses hinauf.

mal gestaltet; man könnte ihn als einen Landschaftsgarten beschreiben, dessen Bepflanzung allerdings an die Hänge und steilen Abstürze des Geländes angepasst wurde. Die massiven, glatten Steinmauern des Schlosses sind mit roten Kletterrosen überzogen. Eine lange Allee aus schneeweißer *Rosa* 'Iceberg' führt zur Rückseite eines bezaubernden großen Gartenpavillons. Auf dem Weg kommt man an einem Verwandten der Magnolie vorbei – einem Tulpenbaum, *Liriodendron tulipifera*, mit hellgrünen und cremeweißen Blüten.

Das Schloss ist umgeben von üppigen Büschen und von Fingerhut, Myrten und Säckelblumen in Hell- und Stahlblau. Die Rabatten enthalten Rosen und hohe, üppig gedeihende mehrjährige Arten, die in englischen Gärten sehr verbreitet sind, die man im trockenen, heißen Klima des Mittelmeerraums aber selten antrifft. Die Blüten leuchten atemberaubend im Licht der Nachmittagssonne. Auf dem Rasen vor der Rabatte findet gerade eine Vorführung statt – ein Mädchen tanzt über das Gras, und der weiße Stoff seines Kleides raschelt um die eleganten Rosen, Pfingstrosen und Fingerhüte.

Eine große alte Pinie erhebt sich in der Mitte des Rasens; ihre Zweige breiten sich aus wie ein Schirm, der das Gras unter ihnen schützt. In Italien stößt man selten auf gesunde, üppige Rasenflächen; es erfordert viel Pflege und ständige Bewässerung, wenn sie in der brütenden Hitze grün bleiben sollen.

Das dicht bepflanzte Areal des Gartens ist von einem Pfad eingefasst; unterhalb liegt der Wald, in dem Rehe und Ziegen gejagt werden. Umbertas Tochter Luce zeigt mir das Anwesen, und nach einer Weile stoßen wir auf eine von Farn, Flechten und Moos überwucherte Höhle. Sie ist eins der vielen etruskischen Gräber in der Gegend. An anderer Stelle im Garten sind noch die Reste einer römischen Mauer zu sehen.

Umberta Patrizi hat neue Rosensorten gezüchtet und sie nach ihren Kindern benannt. Luce zeigt mir die Rose, die ihr zu Ehren benannt wurde: Lucetta. Die anderen Rosen heißen Marie-Louise, Graham, Thomas und Emanuel. Die untergehende Sonne taucht den Garten in ein warmes orangefarbenes Licht. Und selbst die Rosen nehmen in der Abendsonne eine andere Farbe an.

Der Fingerhut *Digitalis purpurea* mit seinen großen Blattrosetten und den hübschen glockenförmigen Blüten an einem hohen Stiel erscheint in allen von Umberta gestalteten Beeten.

EIN BOTANISCHER GARTEN IN DEN HÜGELN VON ROM
ENTWURF VON PIETRO PIROTTA 1883

Orto Botanico

Trastevere, Rom

Der Botanische Garten von Rom stellt eine Art „grüne Lunge" für die Stadt dar. Heute befindet er sich im Staatsbesitz und in der Obhut der Universität La Sapienza; er liegt im Trastevere, in der Nähe der Porta Settimiana, des Tibers und des Palazzo Corsino. Vom Eingang am Largo Christina di Svezia führt ein gerader Weg zum Tritonenbrunnen. Der Brunnen ist von Palmen umgeben, deren Kleinste – die Europäische Zwergpalme, *Chamaerops humilis* – einen Stamm hat, der am Boden entlangkriecht. Weiter hinten stehen höhere Palmen, die zusammen mit den kleineren Bäumen den Brunnen mit einem wirkungsvollen Linienspiel hinterfangen.

Viele Besucher kommen hierher, um sich im Schatten der eleganten Palmen *Phoenix cana-riensis*, *Washingtonia filifera* und *Butia* auszuruhen. Andere, die sich eher für die Pflanzen inter-essieren, schlagen einen Pfad zum Hang des Gianicolo hinüber ein, wo sich der Rosengarten befindet. Dort ist eine Auswahl von dekorativen Rosensorten versammelt, die während des siebzehnten und achtzehnten Jahrhunderts in den Barockgärten Roms verbreitet waren. Weiter oben steht eine große Pekannuss, *Carya illinoinensis*, die den Farnen Schatten spendet. Das Bambuswäldchen linker Hand vor der Wegbiegung ist einen näheren Blick wert. Ein schmaler Pfad führt hinein zwischen die vielen verschiedenen Sorten, und plötzlich meint man in einem chinesischen Bambuswald zu stehen. Es ist seltsam, wie sehr Pflanzen die Atmosphäre bestim-men können. Der japanische Garten am höchsten Punkt des Parks ist verhältnismäßig neu, und die Kirschbäume hängen voller rosa Blüten. Die Gärtner haben aus den orientalischen Pflanzen elegante Stillleben geschaffen. Ein Liebespaar sitzt unter einem blühenden Baum im Gras und genießt den Panoramablick über die Stadt. Einen Augenblick lang frage ich mich, ob dies viel-leicht der am besten geheim gehaltene Aussichtspunkt von Rom ist. Auf dem Rückweg komme ich an einem Barockmonument vorbei – einer Wassertreppe, die langsam zu einem Teil der Natur wird. Sie ist völlig von Moos und Flechten überwuchert und sieht auf diese Art viel inter-essanter aus, als wenn sie makellos gepflegt wäre. Die Gewächshäuser im unteren Teil des Parks enthalten Orchideen, Sukkulenten und tropische Pflanzen sowie ein Labor für Botaniker.

Ein Barockgarten

Entworfen für Pietro Aldobrandini von Giacomo
della Porta und Carlo Maderno, ab 1598
Wasserspiele von Orazio Olivieri, 1598–1603

Villa Aldobrandini

Frascati

In der Nähe der Piazza von Frascati bei Rom liegt die hoch auf-
ragende Villa Aldobrandini. Der Garten wurde von Giacomo della
Porta für Pietro Aldobrandini, den Neffen des Papstes Clemens VIII.,
entworfen und von Carlo Maderno vollendet. Dabei hatte man sich
von den zeitgenössischen Gärten der Villa Lante, der Villa d'Este
(siehe Seite 20 und 34) und der Villa Medici anregen lassen, und
Giovanni Guerra wurde beauftragt, Zeichnungen von ihnen anzu-
fertigen, damit man wusste, was es zu übertreffen galt.

Vor der Villa liegen drei eindrucksvolle Terrassen, aber die spektakulärsten Elemente finden sich an der Rückseite, wo eine in den
Hang hineingebaute halbkreisförmige Stützmauer ein Wassertheater bildet. Von seinem Schlafzimmer im Obergeschoss hatte
der Papst einen Blick auf die Wassertreppe mit ihren Zwillingssäu-
len. Er konnte zusehen, wie das Wasser den steilen Hang hin-
unterstürzte, nur um im Inneren der Säulen wieder zum Aufstei-
gen gezwungen zu werden. Von ihren Spitzen rann es dann in
eleganten Spiralen abwärts und erreichte schließlich das Glanz-
stück der Anlage, die majestätische Statue des Atlas, der den Erd-
ball auf den Schultern trägt.

Das Wassertheater auf der Rückseite der Villa Aldobrandini mit der
Atlasstatue, über der die prachtvolle Wassertreppe mit ihren Zwillings-
säulen aufragt.

Kampanien

Ein Garten in einer Vulkanlandschaft
Entwurf von Russell Page in Zusammenarbeit mit Susana Walton ab 1956

La Mortella

Forió, Ischia

Ein Stück Land in einer Schlucht, ein harter, verkrusteter Lavaboden und ein atemberaubender Blick über die Bucht von Neapel – so sah das Grundstück aus, in das sich der Komponist Sir William Walton und seine argentinische Gattin Susana an einem Tag vor fünfzig Jahren verliebten Heute hat sich der steinharte Boden in einen üppigen Garten voll exotischer Pflanzen aus der ganzen Welt verwandelt.

„Es ist einfach so", erklärt Lady Walton, „die gesamten Einkünfte aus Williams Musik, den Tantiemen und Konzerten, wurden in den Garten investiert."

Kein Mensch ist zu sehen, als sich das schöne Kupfertor automatisch vor uns öffnet. Wir befinden uns in einer kleinen Wohnstraße nördlich von Forió auf der Insel Ischia – hier liegt die ambitionierteste private Gartenanlage des südlichen Italien. Unmittelbar innerhalb des Eingangs erhebt sich ein 450 Jahre alter Olivenbaum. In der Antike galt die Olive als heilig; sie symbolisiert Frieden und Ruhe und liefert ein passendes Emblem für Sir William und Lady Walton, die sich mit La Mortella eine Ruheoase für ihre kreative Arbeit geschaffen haben, weit fort von den Zwängen des Londoner Lebens.

Die Atmosphäre ist zauberisch und intensiv. Es ist schwül, und ein wundervolles Abendlicht bricht durch die üppig grüne Vegetation. Der Boden ist mit Farnen bedeckt. Eine kleine Tafel liefert die Daten für einen Baum mit fächerförmigen Blättern: es ist der uralte Ginkgobaum, *Ginkgo biloba*, ein 200 Millionen Jahre altes, lebendes Fossil, das noch immer die gleichen Gene in sich trägt. Am schönsten ist der Ginkgo im Spätherbst, wenn seine grünen Blätter sich leuchtend gelb färben.

Bei der in den Felsen gebauten Villa wartet Lady Walton auf uns. Mit klarer Stimme und einem festen Händedruck heißt sie uns in La Mortella – dem Ort der Myrten – willkommen.

Die Geologie von La Mortella am Fuß des Monte Zaro ist das Ergebnis eines heftigen Erdbebens vor zehn- oder auch zwanzigtausend Jahren, bei dem sich die Schlucht mit Lava füllte.

Seiten 72–73: An der dramatischen Küste zwischen Sorrent und Salerno klammern sich Orte wie Positano und Amalfi an die steilen Hänge.

Oben: Susana Waltons Lieblingspflanze ist die *Victoria amazonica*, die größte Seerose der Welt.

Gegenüber: Das Haus liegt am Fuß des Monte Zano. Der eiförmige Teich enthält drei Lavabrocken; die blaue ägyptische Seerose *Nymphaea caerulea* schwimmt auf der Wasseroberfläche, und die Ufer sind mit *Gunnera manicata* und der blauen Palme *Brahea armata* bepflanzt.

Gegenüber: Ein Wasserlauf in einer von der maurischen Gartenkunst inspirierten Rinne glitzert im Licht, während er in kleinen Stufen abwärts fließt, um in einem gemeißelten Becken zur Ruhe zu kommen.

Als die Waltons sich Mitte der fünfziger Jahre um das Grundstück bemühten, versuchten viele ihrer Freunde sie umzustimmen. Aber die beiden waren nicht von ihrer Idee abzubringen; sie waren von der Felslandschaft völlig fasziniert. Die Lava, die in der Schlucht erstarrt war, musste Stück um Stück fortgehackt werden. In den fünfziger Jahren gab es auf der Insel weder Maschinen noch Elektrizität, und so musste die Arbeit mit Muskelkraft erledigt werden. Die Arbeiten gingen quälend langsam voran, aber der Lohn der Mühen war die fruchtbare Erde, die unter der harten Lavakruste zum Vorschein kam.

Als die Schlucht schließlich freigelegt war, konnte mit dem Bau der Terrassen begonnen werden, was weitere sieben Jahre in Anspruch nahm. Als Gartenarchitekten heuerten die Waltons Russell Page an. Er ließ sich von dem felsigen Gelände inspirieren und wollte die Gestalt des Anwesens von der Natur selbst bestimmen lassen. So schlug er vor, den Garten in Form eines „L" anzulegen, mit einer Hauptachse, die im rechten Winkel nach links abbog.

„Russell Page hat mir erzählt, er hätte noch nie im Leben so hart gearbeitet wie in den ersten drei Tagen im Jahr 1956, als der Grundplan erstellt wurde", sagt Lady Walton. „Ich bin ihm auf Schritt und Tritt gefolgt und habe mir jedes Wort aufgeschrieben, das er gesagt hat. Seine Anweisungen haben mich dann über ein Jahrzehnt lang mit Arbeit versorgt."

Page gab zwei Grundprinzipien vor: „Pflanzen Sie nicht eine, sondern hundert" und „Halten Sie die größeren Brocken von Vegetation frei, damit der dramatische Charakter nicht verloren geht." Eine dritte Erwägung gab das Leben des Auftraggebers selbst vor – weil Sir William Komponist war, sollten Harmonie, Stille und Abgeschiedenheit das Grundthema des Gartens liefern.

Die Insel Ischia ist für ihre warmen Quellen berühmt, aber in den fünfziger Jahren gab es keine öffentliche Wasserversorgung. Für die Bepflanzung mussten die Waltons das Wasser zunächst per Lastwagen anliefern lassen. Außerdem wurde auf dem Hügel eine Zisterne gebaut, um Regenwasser zu sammeln. Grundlage der Bepflanzung bildeten Palmen und widerstandsfähige Sukkulenten, die in der trockenen Umgebung überleben konnten. Page schlug eine Mischung aus Baumfarnen, Yuccas, Aloen und Agaven vor, Pflanzen mit ausgeprägten und sehr unterschiedlichen Blattformen, die für ein kräftiges, geradezu architektonisches Element sorgen würden. Strohmatten wurden quer durch das Tal gespannt, um die jungen Pflanzen vor der brennenden Sonne zu schützen, bis sie Fuß gefasst hatten.

Heute wächst vor dem Haus ein dicker Streifen aus silbrigblauer *Brahea armata*, einer aus Mexiko stammenden Palmenart. Ihre Blüten sind geradezu spektakulär; die drei Meter langen Kätzchen reichen bis auf den Boden. Eine von Russell Pages Lieblingspflanzen, das südafrikanische *Senecio serpens*, dient als Bodendecker.

Lady Walton hat eine besondere Vorliebe für Baumfarne oder Cycaden. Ihr Ursprung lässt sich über zweihundert Millionen Jahre bis ins Jura zurückverfolgen, als noch Dinosaurier über die Erde streiften. Die Cycaden können allein von Kohlendioxid leben und sind die einzigen Pflanzen, die eine Zeit überlebt haben, in der aktive Vulkane den gesamten Sauerstoff aufbrauchten. Heute stehen sie dicht gedrängt in einem üppigen Dickicht. Stämme und Kronen der Bäume werden von einem ausgeklügelten Bewässerungssystem feucht gehalten, dessen Düsen in den Bäumen selbst angebracht sind. Lady Walton platzierte zudem Orchideen und andere Pflanzen an den Stämmen, um die exotisch-tropische Wirkung noch zu verstärken.

Wir folgen einer Treppe, die zwischen den Baumfarnen aufwärts führt, bis zu einem Gewächshaus, das einer einzigen Pflanze vorbehalten ist – der *Victoria amazonica*. Diese größte Seerose der Welt, die ursprünglich in den Sümpfen des Amazonasgebiets zu Hause war, ist Lady Waltons botanisches Steckenpferd. Die riesigen tellerförmigen Blätter können einen Durchmesser von zweieinhalb Metern erreichen, und sie sind so stabil, dass es heißt, südamerikanische Fischer verwendeten sie als Trittsteine bei der Überquerung von Wasserflächen.

1966 kehrte Russell Page auf die Insel zurück, um den Gartenentwurf für La Mortella zu überarbeiten. Inzwischen war das Haus fertig gestellt; die Waltons hatten sich an Pages Empfehlungen gehalten und es mit südlicher Ausrichtung in den steilen Hang hineingebaut, wobei davor noch Platz für einen Garten blieb. Russell verglich es mit einem maurischen Palast und wollte, dass der Garten die islamische Tradition der umschlossenen Räume, Springbrunnen und Wasserläufe widerspiegelte. Inzwischen gab es auf der Insel auch eine öffentliche Wasserversorgung, und damit war es möglich geworden, drei Springbrunnen zu errichten; sie liegen alle auf einer Achse, die bei einem der Lavafelsen vor dem Haus beginnt.

Als zentraler Blickpunkt des Gartens wurde ein großes eiförmiges Wasserbecken mit einer hohen Fontäne angelegt. Hier wächst die Lotosblume *Nelumbo nucifera*. Ihre Blütenblätter entfalten sich am frühen Morgen; in der Mitte eines Blattes ist ein Regentropfen gefangen, der dort umhertanzt, ohne zu zerfließen. In der Nähe wächst die rhabarberartige *Gunnera manicata*.

Das herabfallende Wasser fließt in einem unterirdischen Kanal, der der Hauptachse des Gartens folgt, weiter zum zweiten Springbrunnen, der mit einer Lotosknospe verziert ist. Dieser Teil des Gartens ähnelt dem Löwenhof in der Alhambra von Granada, in dem zwei Kanäle ein Kreuz aus fließendem Wasser bilden. Das Vorbild lieferten die Wasserläufe, die man in persischen Oasen findet.

Der letzte Springbrunnen wurde erst 1983 in Form eines Achtecks errichtet. Er war Pages Geschenk an Sir William Walton zu dessen achtzigstem Geburtstag. Leider starben sowohl Russell Page als auch Sir William, bevor der Brunnen fertig gestellt war. Aber, so sagt Lady Walton, „William war absolut begeistert, endlich ein glitzerndes Band von fließendem Wasser im Hintergrund seines Tals zu haben. Er konnte es allein dadurch schon genießen, dass er sich vorgestellt hat, wie es aussehen würde – wie das Wasser aus der Lotosknospe aus Terrakotta hervorsprudelt."

Auf dem Weg hügelaufwärts kommen wir an einem Käfig mit Kolibris aus aller Welt vorbei. Lady Walton kommt jeden Morgen hierher, um die Vögel zu füttern und ihrem Gesang zu lauschen. Der kleine private Aufzug kann zwei Passagiere zum Gipfel des Hügels hinauftragen. Lady Walton hat eine ursprünglich vollkommen überwucherte Kuppe in ein geheimnisvolles und abwechslungsreiches Gartenplateau mit leicht fernöstlichen Charakter verwandelt.

Ein thailändisches Teehaus, das sie aus Bangkok mitgebracht hat, steht verborgen im Grünen. Der beste Zeitpunkt für die stille Meditation im Teehaus ist der frühe Morgen, wenn die Lotosblume ihre rosa Blütenblätter entfaltet. Am Ufer des geschlängelten Baches kommen wir an der hohen *Canna striata* mit feuerroten Blüten und gestreiften Blättern und an einem Hain des seltenen Bambus *Nandina domestica* mit seinen charakteristischen roten Stämmen vorbei. Das langsam fließende Wasser ist von Fächerahornen und Bananenbäumen gesäumt.

Auf der Kuppe des Hügels hat Lady Walton eine Gedächtnisstätte für ihren Ehemann errichtet. Hier steht ein pyramidenförmiger Lavablock, den William an dem Tag, an dem sie sich zum Kauf des Anwesens entschlossen, zu „seinem" Felsen erklärt hatte. Mit seiner atemberaubenden Aussicht über das Meer und den Vesuv und die im Westen versinkende Sonne ist dies der mit Abstand schönste Teil des Gartens.

Gegenüber, im Uhrzeigersinn von oben links: Die Blüte der *Tillandsia dyeriana*; Caladium ‘White Christmas'; die rosaweißen Blütenblätter und die Samenkapsel des heiligen Lotos *(Nelumbo nucifera).*

Ein tropischer Garten auf römischen Grundmauern
Geschaffen von Baron Labonia, Lord Astor und Rita und Mariano Pane ab 1868

Oben: Das Nymphäum ist das älteste Werkstück des Gartens. Über dem Sarkophag ziert ein steinerner Löwenkopf eine römische Mauer.

Gegenüber: Eine lange Pergola aus Kastanienholzstangen führt zu einem der vielen archäologischen Fundstücke, die inmitten der Bepflanzung im Garten verteilt sind.

Il Tritone

Sorrent

Im Jahr 79 n.Chr. wälzte sich infolge des Vesuvausbruchs, der die Städte Pompeji und Herculaneum zerstört hatte, eine riesige Woge in die Bucht von Neapel und brach über die Landzunge hinweg, auf der Il Tritone lag.

Es gab nämlich bereits vor zweitausend Jahren eine römische Villa an diesem Ort. Wenn man sich heute über die Brüstung lehnt, kann man unmittelbar über der türkisblauen Wasseroberfläche noch die Reste der Grundmauern erkennen. Die Villa soll ursprünglich Agrippa Posthumus (12 v.Chr – 14 n.Chr.) gehört haben, einem Enkel des Kaisers Augustus und Sohn des Marcus Vipsanius Agrippa, der das Pantheon von Rom errichten ließ. Agrippa stattete sein Sorrentiner Haus mit seltenen Marmorsorten und ägyptischen Kunstgegenständen aus, darunter Säulen aus gelbem Marmor, die zu seiner Zeit bereits tausend Jahre alt waren. Die Sammlung ist immer noch da – sie wurde in den Sedimenten am Meeresboden entdeckt und im Lauf des neunzehnten und zwanzigsten Jahrhunderts geborgen. Heute sind die antiken Kunstwerke, von tropischen Pflanzen überwuchert, ein prägender Bestandteil des Gartens.

Nach einem Jahrtausend wurde die Landzunge im dreizehnten Jahrhundert wieder entdeckt, und auf den Grundmauern der römischen Villa entstand ein Kloster der Klarissen. Im neunzehnten Jahrhundert ging Il Tritone in Privatbesitz über, als der kalabresische Antiquitätenhändler Baron Labonia das Anwesen erwarb. Er baute das Haus und begann mit der Planung des Gartens, wobei die archäologischen Fundstücke mit eingeplant wurden. 1905 wurde Il Tritone von William Waldorf Astor erworben, der damals amerikanischer Botschafter in Rom war. Wie so viele andere verliebte auch er sich in Sorrent. Astor vergrößerte das Anwesen, indem er umliegende Grundstücke dazukaufte, führte die exotischen Pflanzen ein und ließ Pfade im englischen Stil anlegen. Vor etwas über dreißig Jahren kauften dann Mariano und Rita Pane aus Rom das Anwesen.

Auf der steilen Klippe erhebt sich eine Mauer, die den Garten vom Meer abschirmt. Astor ließ sie errichten, um die Pflanzen vor den starken Winden zu schützen und eine ruhigere, zurück-

gezogene Atmosphäre zu schaffen. Meine ursprüngliche Enttäuschung angesichts der teilweise verbauten Aussicht verwandelt sich in Faszination, als ich die Öffnungen in der Mauer entdecke. Durch eins der Fenster erhasche ich einen Blick auf den Vesuv, durch ein anderes sehe ich die Bucht von Neapel. In weiter Ferne ist der Umriss der Insel Capri zu erkennen. Im Frühsommer sind die Fenster überdies mit den Blütentrauben der Glyzinen dekoriert, die sich über die Mauern schlängeln.

Die tropische Vegetation von Il Tritone hat etwas Magisches. Ein Spaziergang im Garten vermittelt den Eindruck, man gehe durch ein Gewächshaus. Ausgehend von den langen geraden Pfaden, überdacht von üppigem Grün und gesäumt von großen exotischen Bäumen, öffnen sich interessante Ausblicke durch Korridore aus Kletterpflanzen. Jede Sichtachse führt zu einer antiken Statue oder einem Sarkophag, einem Kapitell oder einer Maueröffnung mit Blick über das Meer. Es gibt eine aus Kastanienholzstangen errichtete Pergola, in der das Sonnenlicht durch die zarten Zweige fällt. Der Hund der Panes schläft in einem Palmenhain mitten auf dem Weg. Sowohl Mariano als auch Rita engagieren sich sehr für den Garten – ebenso wie ihre drei erwachsenen Kinder, die das Haus allerdings bereits verlassen haben.

„Die Gärtnerei ist die nobelste Beschäftigung der Welt", sagt Mariano. „Wenn man einen Samen pflanzt und ihm seine volle Aufmerksamkeit schenkt, kann man sicher sein, dass man etwas zurückbekommen wird. Wenn man Kinder aufzieht, weiß man nie, was passiert."

Rita fügt hinzu: „Die Pflanze reagiert auf das, was man tut – wenn man ihr Zuwendung schenkt, antwortet sie mit der gleichen Hingabe. Bei Menschen ist das anders – es kann alles Mögliche passieren, nichts ist jemals vorhersehbar."

Rita, die die Hauptverantwortung für den Garten trägt, hält sich bei der Anzahl verschiedener Pflanzen auf einer gegebenen Fläche zurück. Sie zieht es vor, einer einzelnen Art zu gestatten, sich über eine größere Fläche auszubreiten. So entsteht ein kultivierter und harmonischer Gesamteindruck. Das Hauptaugenmerk liegt auf Blattformen und Schattierungen von Grün, weniger auf leuchtender Farbe. Eine Fläche wird von der Schmucklilie *Agapanthus* dominiert. Wenn sie im Juli blüht, scheinen die kugelförmigen blauen Blüten wie dekorative kleine Bälle in der Luft zu schweben. Die Blätter, glänzend, speerförmig und elastisch, liefern das ganze Jahr über ein interessantes Element. Viele der Palmen stammen aus Brasilien; sie haben auffällige Stämme von einem fast metallischen Grau.

Es ist ein exotischer Garten. Eine Gruppe kerngesunder Kakteen scheint sich hier vollkommen heimisch zu fühlen; in der Ferne entdecke ich einige üppige Bananenstauden. Die tropischen Pflanzen – Palmen, Baumfarne, Zypressen, Orangenbäume, Eukalyptus, Kiefern und Jacarandabäume – haben sich akklimatisiert und scheinen bestens zu gedeihen. Viele Arten haben faszinierende Namen: *Brachychiton* aus Mexiko, *Erythrineae* aus Brasilien, *Strelizia nicolai* aus Südamerika, *Jacaranda* aus Chile, *Cycas revoluta* aus Polynesien und Australien, dazu die elegante europäische Palme *Chamaerops*.

Rita liebt es, morgens beim Gesang der Vögel aufzuwachen – was in Italien vielerorts nicht mehr möglich ist. Sie erklärt mir, dass sie sich sehr privilegiert fühlt. „Einmal haben wir hier eine sehr ungewöhnliche Blume entdeckt, die wir nicht gepflanzt hatten. Sie gehört zu einer seltenen Familie; Teile von ihr sehen aus wie schwarzer Samt. Wir nehmen an, ein Vogel auf

Oben: Ein von Oleanderbäumen und schützenden Palmen gesäumter Weg.

Gegenüber: Die Brüstung über dem Meer wurde von William Astor gebaut. Il Tritone, der bärtige Meeresgott, und die anderen steinernen Köpfe sind das Werk des Künstlers Lawrence Alma-Tadema.

dem Rückweg aus Afrika könnte den Samen mitgebracht haben. Als er hier gelandet ist, hat der Samen das richtige Kleinklima zum Keimen vorgefunden. Die Blume wächst immer noch in unserem Garten."

Auf der Fähre nach Capri drehe ich mich um und sehe hinauf zur Villa Il Tritone, die ganz oben in die Klippe hineingebaut wurde. Das Wasser glitzert in der Nachmittagssonne. Es ist nicht schwer zu verstehen, warum Agrippa Posthumus, der sich an jedem Ort des Römischen Reiches hätte niederlassen können, sein Haus an gerade dieser Stelle gebaut hat.

EIN ITALIENISCHES VERSAILLES
BAROCKGARTEN VON LUIGI UND CARLO VANVITELLI, 1752
ENGLISCHER LANDSCHAFTSGARTEN VON JOHN ANDREW GRAEFER, AB 1786

Palazzo Reale

Caserta

In ganz Italien findet man nichts, das dem Garten Louis' XIV in Versailles näher käme als La Reggia di Caserta. In den vierziger Jahren des 18. Jahrhunderts beschloss Karl III von Bourbon, Herrscher über das Königreich Neapel und der beiden Sizilien, seinen Regierungssitz angesichts der Bedrohung durch die britische Flotte von der Küste ins Landesinnere zu verlegen. In einiger Entfernung von Neapel, am Fuß der Tifatiniberge, ließ er sich einen Palast mit einem Barockgarten bauen. Die Anlage von Caserta, die sich über mehr als hundert Hektar ausbreitet, verdeutlicht die ungeheure Macht des Königreichs Neapel und seiner bourbonischen Herrscher. Der König beauftragte den ursprünglich aus den Niederlanden stammenden Architekten Luigi Vanvitelli, einen Palast mit Park zu entwerfen, der sich mit Versailles messen konnte. Und Vanvitelli nahm ihn beim Wort.

Der Blick die Zufahrt entlang auf die Fassade ist spektakulär. Zwischen dem Palastportal und den Kaskaden scheint die Hauptachse in sanften Wellen zu „fließen"; die Strecke ist über drei Kilometer lang und führt an Statuengruppen, Wasserbecken und langen schmalen Rasenstreifen vorbei. Die Mittelachse wird von einer dichten, makellos beschnittenen Hecke aus zwei Reihen von Eichen und Kampferbäumen gesäumt. Bei besonderen Anlässen werden die Teiche und Baumreihen nachts beleuchtet. Die Dimensionen sind riesig. Links liegt eine elegante Allee, über der sich die Baumwipfel zu einem durchsichtigen, hellgrün schimmernden Bogen schließen. Folgt man ihr zur östlichen Ecke des Parks, stößt man auf einen Teich. Er ist 270 Meter lang und wurde früher für Vorführungen genutzt, darunter auch nachgestellte Seeschlachten. Das Wasser für die Teiche und Springbrunnen des Parks stammt aus einem Aquädukt, dessen Bauzeit sechzehn Jahre betrug. Luigi Vanvitelli zeichnete für die Konstruktion verantwortlich, und das Bauwerk erhob sich bis zu einer Höhe von 60 Metern. Nach seinem Tod im Jahr 1773 führte sein Sohn Carlo die Arbeiten an dem Park weiter.

Die über drei Kilometer lange Zufahrt führt in einer geraden Linie durch den Park zum Palast. Brunnenbecken mit mythologischen Themen sorgen für Abwechslung.

Oben links: Sonnenlicht sprenkelt den Boden einer Allee.

Oben rechts: Die Mittelachse des Gartens führt zur Kaskade und der riesigen Wassertreppe. An ihrem Fuß liegt der der Göttin der Jagd gewidmete Dianabrunnen.

Die Themen vieler der Brunnen entlang der Mittelachse sind von der antiken Mythologie oder von Ovids *Metamorphosen* inspiriert. Die verschiedenen Ebenen des reich geschmückten Delphinbrunnens bilden zwölf Miniaturwasserfälle und die gleiche Anzahl von Becken. Wie bei der Wassertreppe der Villa Lante (S. 23) wurden die Beckenböden auch hier absichtlich ungleichmäßig gestaltet, damit das Wasser lebendiger fließt. Der dem Windgott gewidmete Äolusbrunnen ist drei Meter tief und fasst eine erstaunliche Wassermenge – Hunderttausende von Kubikmetern. Hinter dem Wasserfall liegen Höhlen, die der Besucher betreten kann. Am Ende des langen Beckens befindet sich der Ceresbrunnen, wo Delphine sich unter die Tritonen mischen und Wasserstrahlen hoch in die Luft steigen lassen. Ringsum gruppieren sich Statuen – Darstellungen der Flüsse Simeto und Oreto, Nymphen und die Göttin Ceres. Auf der anderen Seite der kleinen Wasserfälle liegt der Venus und Adonis gewidmete Brunnen. Eine kniende Venus hält Adonis' Hand und bittet ihn, auf der Jagd vorsichtig zu sein. Aber Gefahr droht durch den eifersüchtigen Mars, der die Gestalt eines wilden Ebers angenommen hat und Adonis töten wird. Ich überlasse die drei ihrem tragischen Schicksal und gehe weiter zum eindrucksvollen Dianabrunnen. Linker Hand steht Diana, die Göttin der Jagd und Schutzpatronin der Keuschheit; rechts verteidigt sich Aktäon gegen die Hunde, die ihn zerreißen wollen.

Am Ende der langen Mittelachse führt ein kleines Tor in den wundervollen englischen Landschaftsgarten, den John Andrew Graefer gegen Ende des achtzehnten für Maria Carolina von

Österreich, die Gattin Ferdinands IV, schuf. Der Übergang vom formalen Garten zu diesem offenen Park mit seinen großen eleganten Bäumen auf weiten Rasenflächen ist geradezu erfrischend.

Im Auftrag der Königin machte Graefer sich ans Werk; er legte Hügel und Täler an, Tempel, Nymphäen und künstliche Ruinen. Weil die Königin sich sehr für ungewöhnliche Pflanzen interessierte, wurden exotische Bäume aus den neu entdeckten Teilen der Welt herangeschafft. Eine Zeit lang war der Garten als „der botanische Garten des Königshauses" bekannt. Bei meinem Spaziergang die geschlängelten Pfade entlang stoße ich auf einen schönen Baum nach dem anderen: eine Libanonzeder, Zypressen, Kiefern, Magnolien und Kakteen. Mein Ziel ist das Bad der Venus, und ich finde es schließlich auf einer Lichtung zwischen Ruinen und schattigen Bäumen. Venus kauert auf einem moosbedeckten Stein inmitten von üppigem, zauberhaftem Grün; hier ist die Umgebung selbst ein Teil des Kunstwerks.

Auf dem Rückweg die Wasserachse entlang bleibe ich stehen und blicke mich um. In weiter Ferne sehe ich das Wasser die Treppe hinunterstürzen. Es erinnert mich an die Wassertreppen der Villa Lante, an Bagnaia und Caprarola – außer was die Größe angeht: die Kaskade hier ist gigantisch. Der Park des Palazzo Reale ist der letzte große Garten seiner Art, der in Italien angelegt wurde. Vom ausgehenden achtzehnten Jahrhundert an wurde der Stil des Gartens im Wesentlichen von Frankreich und England bestimmt.

Das Bad der Venus zwischen Ruinen auf einer schattigen Lichtung.

TERRASSEN MIT BLICK AUF DIE KÜSTE VON AMALFI
ENTWORFEN VON NICOLA MANSI, 1910–1915

Oben: Der Klostergarten mit seinen gewundenen Säulen und gotischen Arkaden stammt aus
dem vierzehnten Jahrhundert.

Gegenüber: Verwitterte römische Büsten be-
wachen die Brüstung. Der Terrazzo dell'Infinito
bietet einen atemberaubenden Blick über die
Küste von Amalfi und die Bucht von Salerno.

Villa Cimbrone

Ravello

Die Küstenstraße südlich von Neapel ist zweifellos eine der spektakulärsten Fahrstrecken Europas. Mit jeder Drehung des Lenkrads öffnet sich ein neuer Ausblick über die herrliche Landschaft und das dunkelblaue Meer. Wir haben die dramatisch gelegene Stadt Positano hinter uns gelassen und stoßen kurz vor Amalfi auf die Abzweigung nach Ravello. Auf den folgenden sechs Kilometern steiler Bergstraße scheinen mir die anderen Autos immer etwas näher heran zu kommen, als mir lieb ist. Das Ganze wirkt ein wenig waghalsig.

Die Bewohner der Stadt Ravello sind gut auf den Tourismus vorbereitet, und es gibt ausreichend Parkplätze. Der Publikumsmagnet sind die beiden Villen, Cimbrone und Rufolo, von denen wir die erste über einen schmalen Fußweg erreichen. Als der Kunsthändler Ernest William Beckett, der spätere Lord Grimthorpe, das Anwesen in den ersten Jahren des zwanzigsten Jahrhunderts kaufte, beauftragte er den Architekten Nicola Mansi aus Ravello, ihm einen Garten zu entwerfen. Das überwucherte Grundstück auf der Klippe wurde zu einem romantischen Park. Nicola Mansi begann mit einem langen, breiten Weg, der eine Mittellinie vom Eingang der Villa zur langen Terrasse bildet. Im Park verstreut schuf er kleine Architekturen – Pergolen, Tempelchen und Lauben mit luftigen schmiedeeisernen Kuppeldächern.

Es heißt, Lord Grimthorpe habe sich von Vita Sackville-West beraten lassen, der Schöpferin des berühmten Gartens von Sissinghurst Castle in England. Vita und ihr Ehemann, Harold Nicolson, waren häufig in der Villa zu Besuch. Doch haben die Gärten von Il Cimbrone und Sissinghurst wenig gemeinsam; sie entsprechen sehr unterschiedlichen klimatischen Bedingungen und gehen auf unterschiedliche Traditionen zurück.

Links vom Eingang liegt ein gut erhaltenes mittelalterliches Juwel: ein vermutlich aus dem vierzehnten Jahrhundert datierendes Kloster mit einem bezaubernden kleinen Hof im arabisch-sizilianisch-normannischen Stil, der ein Brunnenhaus und Gruppen von Blumentöpfen enthält. Der Hof ist von einem Kreuzgang mit gewundenen Säulen und gotischen Spitzbogenöffnungen

Oben links: Ein schmaler, von einer geschwungenen Balustrade mit eleganten Urnen gesäumter Pfad führt von der Stadt aus zum Garten der Villa Cimbrone.

Oben rechts: Hohe Pinien spenden der „Teestube" Schatten, einem Gartenraum, der mit Einjährigen in leuchtenden Mustern bepflanzt ist.

Unten rechts: Am Ende einer hölzernen, mit Glyzinen berankten Pergola steht eine Bronzestatue des jungen David, den Kopf Goliaths zu Füßen.

Unten links: Der Tempel des Bacchus, das Grab Lord Grimthorpes, der 1917 in London starb. Das Fries des Tempels trägt Zeilen aus einem Gedicht Catulls (Gedicht 31, Zeilen 7–10):

O quid solutis est beatius curis,
cum mens onus reponit, ac peregrino
labore fessi venimus larem ad nostrum,
desideratoque acquiescimus lecto?

O was ist süßer als das Ende aller Pein,
Wenn ihre Last die Seele abwirft, endlich heim
Von ausländischer Arbeit abgemattet kommt
Und schön sich ausstreckt auf dem lang
ersehnten Bett.

umgeben und führt zu einer offenen Krypta, die einst den Mönchen und Nonnen als Begräbnisstätte diente. Heute wird das Ensemble aber von dem in der Villa untergebrachten Hotel in der Tradition des römischen *triclinium* als Esszimmer im Freien genutzt. Von den Tischen aus hat man einen wundervollen Blick zwischen den Säulen hindurch auf das Meer hinaus. Im Vordergrund sorgen elegante, in verschiedenen Rosaschattierungen blühende Hortensien für einen farbigen Akzent.

Auf dem Weg zu der lockenden Terrasse an der Kante des Steilhangs komme ich an der so genannten Teestube vorbei. Sie ist ein Sitzplatz im Freien, der mit antiken Kunstwerken dekoriert ist – Statuen, riesigen Urnen und der exquisiten Bronzeskulptur eines schlanken Rehs. In der Nähe liegt der Rosengarten mit seinen geometrischen Beeten. Der Weg führt auf eine Art römischer Brücke zu, die von weiß und blau blühenden Glyzinen überwuchert ist. Links liegt ein makelloser grüner Rasen zwischen hohen Hecken. Es ist leicht, sich hier Gäste beim Bowling oder Krokettspielen vorzustellen. Vielleicht hat an diesem stillen, abgeschiedenen Ort auch die große Schauspielerin Greta Garbo gesessen und gelesen. An der Fassade erinnert eine Tafel mit ihrem Namen und dem ihres Liebhabers, des Dirigenten Leopold Stokowsky, an ihren Besuch der Villa Cimbrone im Jahr 1938.

Ich wende mich nach rechts, hinunter zum Hügel des Merkur. Merkur war nicht nur der römische Götterbote, sondern auch der Patron der Kaufleute. Auch sein griechisches Gegenstück Hermes trifft man hier an: der ruhende Hermes am Rand des Steilhangs ist eine Kopie der Bronzestatue aus der Lysippos-Schule, die im Museo Archeologico Nazionale in Neapel zu sehen ist. Von hier aus bietet sich ein ungewöhnlicher Blick auf die umliegende Landschaft. Die Straßen, die sich durch die Weinberge schlängeln, scheinen an der Amalfi-Küste eine Welt im Kleinformat zu schaffen.

Ein breiter Weg, der so genannte Ewigkeitspfad, führt zur Terrasse der Unendlichkeit, wo Himmel und Meer aufeinander zu treffen scheinen. Trotz des tief hängenden Regenhimmels ist es ein erfrischendes, befreiendes Gefühl, hier zu stehen, umgeben von den Marmorbüsten römischer Herrscher, und hinauszusehen über das tiefblaue Meer.

DIE KULISSE EINER WAGNER-OPER

RESTAURIERT VON
FRANCIS NEVILLE REID, 1880

Palazzo Rufolo

Ravello

Oben rechts: Der Blick von der Terrasse über die Bucht von Salerno.

Gegenüber: Wilder Wein (*Parthenocissus tricuspidata*) hat die Palastfassade völlig überwuchert.

Die Villa Rufolo wurde ursprünglich im letzten Drittel des dreizehnten Jahrhunderts für die Familie Rufolo errichtet. Während des Mittelalters diente der hohe Turm als Wachtturm; von hier aus hielt man Ausschau nach den Piraten und Korsaren, die die Küste von Amalfi unsicher machten. Der Palast ist um einen Hof herum errichtet, dessen Arkaden reich im maurischen Stil verziert sind. Im Süden ist eine ungewöhnliche Gartenloggia angebaut. Mit ihren Kreuzgewölben und den von schlanken Säulen getragenen Arkaden, die sich auf den Garten hinaus öffnen, ähnelt sie der Krypta der Villa Cimbrone. Früher einmal diente sie als kühles Esszimmer im Freien. Im Garten auf den oberen Terrassen stehen Zypressen und exotische Pflanzen wie Baumfarne, Yuccas und Palmen, dazu leuchtende Einjährige in formalen Rabatten. Nachdem die Familie Rufolo den Palast im Jahr 1588 verkauft hatte, wurden Haus und Garten vernachlässigt und begannen zu verfallen. Erst um die Mitte des neunzehnten Jahrhunderts wurden sie von einem neuen Besitzer, dem schottischen Botaniker Francis Neville Reid, restauriert. Wie bei der Villa Cimbrone öffnen sich die Terrassen unerwartet auf wundervolle Panoramen von Erde, Himmel und Meer. Als Richard Wagner in den 1880er-Jahren mit seiner Familie hierher kam, sagte er, er habe den Eindruck, die Kulisse für Klingsors Zaubergarten im zweiten Akt seines *Parsifal* gefunden zu haben. Jeden Sommer findet hier das Festival der klassischen Musik von Ravello statt, wobei die Bucht von Salerno als Hintergrund dient.

Villa San Michele

Capri

Oben: Eine ägyptische Sphinx sieht hinaus auf das Meer, zur Halbinsel von Sorrent und dem Vesuv hinüber.

Gegenüber: Eine Pergola, von weißen Säulen getragen und mit Glyzinen und Jasmin bewachsen, begrenzt den Garten.

Garten und Skulpturengalerie der Villa San Michele liegen am hinteren Ende der Piazza von Anacapri, dem höchstgelegenen Dorf auf der steilen Klippe, aus der die Insel Capri besteht. Von hier aus öffnen sich prachtvolle Ausblicke über die Bucht von Neapel auf den Vesuv und die Küste südlich von Sorrent hinüber. Zur Ginsterblüte im Frühling ist der ganze Hang in ein wunderbares Goldgelb getaucht. San Michele ist das Werk des schwedischen Arztes und Schriftstellers Axel Munthe, der überzeugt war, der wichtigste Aspekt eines Gartens sei die Aussicht – „die Seele braucht Raum."

Früher einmal stand ein kaiserlicher Sommerpalast an dieser Stelle, und heute sind in der Villa San Michele und ihrem Garten dreitausend römische Fundstücke ausgestellt. Viele dieser Antiquitäten stammen aus der früheren Villa; andere erhielt Axel Munthe von dankbaren Patienten geschenkt. Unter diesen Schätzen ist auch ein schöner marmorner Odysseuskopf, eine römische Kopie eines griechischen Originals aus dem fünften vorchristlichen Jahrhundert. Auch eine Bronzekopie des ruhenden Hermes steht hier (das Original befindet sich im Museo Archeologico Nazionale in Neapel, und eine weitere Kopie steht in Il Cimbrone). Eine wundervolle lange Pergola auf weißen Stützen, von blauer *Wisteria sinensis* und *Jasminum nudiflorum* überwuchert, fasst den Garten ein. In ihrem Schatten stehen Töpfe, die je nach Jahreszeit mit Zwiebelpflanzen (Tulpen und Hyazinthen) oder Einjährigen bepflanzt sind. Von der überdachten Loggia an einem Ende der Pergola blickt eine ägyptische Granitsphinx über das Meer hinaus zum Horizont.

Der Lieblingsort des Gärtners ist ein bescheiden murmelnder Bach. Am frühen Morgen fallen einzelne Lichtstrahlen durch die Bäume und leuchten auf den Pfingstrosen, Hortensien und Kamelien, den Bananenstauden, den Granatapfel- und wilden Orangenbäumen, Palmen und Rebstöcken auf dem Hang, der zur Ruine des Barabossa-Schlosses hinaufführt. Nach mehreren gescheiterten Versuchen, die nordische Birke im Garten anzusiedeln, erhielten die Gärtner den Rat, die jungen Pflanzen während ihrer ersten Winter in einem Kühlschrank aufzubewahren. Sie befolgten ihn drei Jahre lang. Eine der Pflanzen überlebte; ihre zarten hellgrünen Blätter entfalten sich jedes Jahr am 19. März.

Wassergarten Negombo

Ischia

Negombo liegt in einer geschützten Mulde zwischen dem Monte Zaro und dem Monte Vico am Ufer der Bucht von San Montano in der Nordwestecke der Vulkaninsel Ischia. Als der adelige Botaniker Luigi Silvestro Camerini im Jahr 1947 zum ersten Mal hierher kam, verliebte er sich in den Ort. Er kaufte das gesamte umliegende Land an der Bucht und ließ alle exotischen Pflanzen und Bäume, die er auf seinen Weltreisen entdeckt hatte, anliefern, um einen exotischen Garten zu schaffen. Außerdem kartografierte er die heißen Quellen der Umgebung.

In den siebziger und achtziger Jahren des zwanzigsten Jahrhunderts stand der Garten auch Besuchern offen, denen er Thermalbäder in der Umgebung eines botanischen Gartens bot. 1988 beauftragte Luigi Camerinis Sohn Paolo Fulceri Camerini den Landschaftsarchitekten Ermanno Casasco, dem Park Gestalt und Struktur zu geben. Casasco wurde der Aufgabe auf sehr poetische und talentierte Art gerecht: Er schuf Thermalbäder jeder Art und bettete sie geschickt in die von Luigi angelegte tropische Bepflanzung und die einheimischen Steineichen, Lorbeerbäume, Strandkiefern, Oliven- und Johannisbrotbäume ein.

Es ist ein erstaunlicher Gedanke, dass unter den Füßen heißes Wasser strömt und dann als Wasserfall aus dem Berg austritt oder sich still in Teichen jeder nur vorstellbaren Form sammelt. Im Garten liegen 67 vulkanische Dampfquellen, 29 Auffangbecken und 103 heiße Quellen.

Es ist nicht einfach nur entspannend, einen Tag in Negombo zu verbringen, sondern auch ein ästhetisches Erlebnis. Wer würde es nicht genießen, in einem dreißig bis vierzig Grad heißen Teich zu sitzen, umgeben von dramatischen Felsen, üppigem Grün und einem fabelhaften Blick auf das Meer? Man meint ein Stückchen vom Paradies gefunden zu haben. Die Griechen, die sich um 770 v. Chr. an der Bucht ansiedelten, waren wahrscheinlich der gleichen Ansicht.

Gegenüber: Einer der Thermalteiche, umgeben von üppigem Grün.

ORANGENBÄUME UND MAJOLIKAFLIESEN
ENTWURF:
ANTONIO DOMENICO VACCARO 1742

Klostergarten Santa Chiara

Neapel

Der Klostergarten von Santa Chiara liegt im ältesten Teil Neapels, in der Nähe der langen Straßenfolge Spaccanapoli, die den östlichen Teil der Altstadt vom westlichen trennt. Ursprünglich einmal war die Gegend das Forum der griechisch-römischen Stadt. Die Kirche Santa Chiara stammt aus dem vierzehnten Jahrhundert und gehört zu einem noch bewohnten Kloster. Der heutige Garten wurde 1742 von Antonio Domenico Vaccaro angelegt. Vaccaro schuf ein architektonisches Grundgerüst aus Pergolen, Säulen und Balustraden; sie waren zum größten Teil mit leuchtend bunten Majolikafliesen verkleidet, die Landschaften, prunkvolle Prozessionen und mythologische Szenen zeigten. Ein traditionellerer, aber ebenso interessanter Klostergarten findet sich ganz in der Nähe bei San Gregorio Armeno.

Die Orangenbäume des Klostergartens werden von den reich mit Majolikafliesen verzierten Säulen und Bänken aus dem achtzehnten Jahrhundert beinahe überstrahlt.

Der Minerva-Garten

Salerno

Eingezwängt zwischen den Häusern und winzigen Gassen von Salerno liegen die Reste eines Heilkräutergartens, den der Pflanzenkenner Matteo Silvatico im dreizehnten und vierzehnten Jahrhundert anlegte. Der Stadtgeschichte von Salerno zufolge war der Minerva-Garten der erste botanische Garten Europas, der sich auf Heilpflanzen spezialisiert hatte. Steil ansteigende Terrassen nutzen den begrenzten Platz nach besten Kräften aus. Die Treppe, die die verschiedenen Ebenen miteinander verbindet, ruht auf den alten Mauern und wird von viereckigen Pfeilern und Spalieren mit dekorativen Kletterpflanzen gestützt. Von der obersten Terrasse aus hat man einen Blick über die historische Altstadt, den Hafen von Salerno und die Menschen, die in dem Gassengewirr ihren Geschäften nachgehen. Wäsche hängt vor Fenstern und von Balkonen, und vor dem Hintergrund des glitzernden Wassers weiter unten sehe ich Frachtschiffe im Hafen liegen. Der Garten wurde mit finanzieller Unterstützung des europaischen URBAN-Programmes restauriert. Heute sind nicht mehr allzu viele Pflanzen übrig, aber schon wegen seiner historischen Bedeutung und seiner bezaubernden Atmosphäre ist der Garten einen Besuch wert.

Eine lange, steile, von üppig tragenden Reben überwucherte Treppe führt zur obersten Terrasse hinauf.

Toskana

EIN ARCHITEKTENTRAUM
GARTEN URSPRÜNGLICH AUS DEM 17. JAHRHUNDERT
MODERNE VERSION VON MARTINO PORCINAI, 1900

Villa Gamberaia

Settignano

Ich bin unterwegs – die Fahrt geht von Lucca über Florenz nach Settignano. Nach vielen Abzweigungen und allerlei komplizierten Spurwechseln beginnt sich der Charakter der Umgebung zu ändern: innerhalb weniger Minuten ist die Stadt der offenen Landschaft gewichen. Die Straße führt bergauf, und jetzt trennen malerische Steinmauern die Fahrbahn von den Olivenhainen. Ein letztes Hindernis erscheint in Gestalt des engen Stadttors. Mit abgeklappten Außenspiegeln gelingt es mir, den Leihwagen in die Via del Rossellino zu steuern. Das Tor der Villa Gamberaia öffnet sich automatisch vor mir, und endlich habe ich den Garten erreicht, der von Architekten und Gartenfachleuten in aller Welt gepriesen wird.

Allgemeine Bewunderung genießt die Villa Gamberaia für ihre ausgewogenen Flächen und Proportionen, die auf eng begrenztem Raum eine harmonische Komposition bilden. Wie der britische Landschaftsarchitekt Cecil Pinsent 1931 in seinem Buch *Il giardino fiorito* schrieb, „wenn man in diesem verhältnismäßig kleinen Garten spazieren gegangen ist, verlässt man ihn mit dem Eindruck, mehr Zeit dort verbracht und mehr entdeckt zu haben, als in Wirklichkeit der Fall ist."

Zu Seite 100 – 101: Der Blick von La Foce, Val d'Orcia. Bei der Anlage der im Zickzack verlaufenden Zypressenallee ließen sich Iris Origo und Cecil Pinsent von den Fresken des Sieneser Malers Ambrogio Lorenzetti inspirieren.

Links: Das Wasserparterre von La Gamberaia entstand Anfang des zwanzigsten Jahrhunderts; es ersetzte ein Broderieparterre aus dem achtzehnten Jahrhundert. Seine Grundstruktur entspricht der eines mittelalterlichen Klostergartens – vier durch Pfade voneinander abgetrennte Vierecke bilden ein Kreuz mit einem Kreis in der Mitte: In der „Mauer" aus beschnittenen Zypressen öffnen sich acht „Fenster" auf Florenz hinaus. Links liegt die lange Rasenfläche, die die Mittelachse des Gartens bildet.

Der Stich von Giuseppe Zocchi zeigt den Blick von der Via del Rossellino auf die Villa Gamberaia im Jahr 1744. Er sieht auch heute nicht viel anders aus. Beachtenswert sind die niedrigen Bäume der Zypressenallee am Eingang und die kleine Brücke, die die Straße überquert.

Eine dichte Zypressenallee führt zur Villa hinauf, und es herrscht eine Atmosphäre der Stille. Von makellosem Rasen aus sehe ich das Tal des Arno und die Renaissancestadt Florenz unter mir liegen. Winzige Häuser drängen sich aneinander, und die berühmte Silhouette von Brunelleschis Dom ragt zwischen ihnen hervor wie ein mächtiger rostroter Kuchen. Lautlos gleiten kleine Flugzeuge über Turmhelmen und silbrigen Olivenbäumen durch den Himmel. Dies ist ein wundervoller Ort – man hat das Gefühl, jenseits der Wirklichkeit zu schweben.

Der Ausblick über die toskanische Landschaft, den die Loggia im ersten Stock bietet, ist atemberaubend. In weiter Ferne liegt der Piazzale Michelangelo, und zwischen sanft geschwungenen Hügeln ragen mittelalterliche Türmchen in den Himmel wie Schlösser in einem Märchen. Fast meine ich Dante sehen zu können, wie er von Florenz aus in die nebligen Hügel reitet. Vielleicht ist er unterwegs zu dem Paradies aus seiner *Göttlichen Komödie*, die er im vierzehnten Jahrhundert in der Verbannung schrieb, weit entfernt von seinem geliebten Florenz.

Der Umbau des Anwesens von einem schlichten Sommerhaus zu einer palastartigen Villa begann Ende des sechzehnten Jahrhunderts mit der Anlage von Terrassen auf den Hängen. Einer 1610 datierten Inschrift im Garten zufolge baute Zanobi Lapi eine herrschaftliche Villa, ein typisches Haus des zurückhaltenden Florentiner Stils – quaderförmig, mit eleganten Fenstern im Untergeschoss. Nach seinem Tod fiel das Landhaus an Andrea di Cosimo Lapi; er lebte neunundfünfzig Jahre lang hier. Er ließ auch den Garten des siebzehnten Jahrhunderts anlegen, ausgestattet mit Grotten, Statuen, Urnen, Springbrunnen und *gioci d'acqua* jeder Art. Als er starb, ging La Gamberaia in den Besitz von Antonio und Piero Capponi über.

Anfang des zwanzigsten Jahrhunderts verwandelte die damalige Eigentümerin, die serbische Prinzessin Ghyka, das Parterre südlich der Villa mit Hilfe des begabten Gärtners Martino Porcinai (dem Vater des Landschaftsarchitekten Pietro Porcinai – siehe Seite 128) in den Wassergarten, der auch heute noch zu sehen ist. Die Anlage entspricht dem klassischen Renaissancevorbild mit den vier von Hauptpfaden voneinander getrennt Rechtecken, die ein Kreuz mit einem eingeschriebenen Kreis in der Mitte bilden; dieser umschließt ein rundes Wasserbecken. Die vier Rechtecke enthalten jedoch keine gemusterten Pflanzbeete, sondern ebenfalls Wasserbecken. Die niedrigen Lavendel- und Oleanderhecken des früheren Parterres wurden durch Buchs (*Buxus sempervirens*) und Eibe (*Taxus baccata*) ersetzt. Die dunkelgrünen Hecken sind mit rhythmischem Gespür und einfallsreich beschnitten; hier und da umschließen sie Statuen oder Töpfe mit Zitronenbäumchen.

Hinter dem Wasserparterre befindet sich eine elegant beschnittene Hecke, die wie ein Bogengang um einen Teich herum gepflanzt wurde. Die wunderschöne Schirmmauer aus Zypressen hat sogar eingeschnittene „Fenster". Die Steinlinde, *Phillyrea latifolia*, gleich daneben ist zu einer perfekten Kugel zurechtgeschnitten; zweimal im Jahr wird die Krone von Obergärtner Silvano gestutzt, der seit fünfzig Jahren hier arbeitet und schon ebenso lang die Ehre hat, den Baum schneiden zu dürfen. Um die Mitte der Krone erreichen zu können, wurde eigens eine Leiter in den Baum hineingebaut.

Während Renaissance und Barock galt der Formschnitt – die „Kunstgärtnerei" oder *ars topiaria* – als ein Mittel, Gärten auf eine höhere intellektuelle Ebene zu heben. Man war der Ansicht, den Garten vom „Chaos" des Naturzustandes zu befreien, wenn man Büsche zu geometrischen oder organischen Formen zurechtschnitt.

Hinter der Zypressenarkade führt eine Abkürzung nach links zu einer korsischen Kiefer. Dahinter liegt eine üppige Rasenfläche von 225 Meter Länge, die sich wunderbar zum Tennis- oder Bowlingspiel und vielleicht auch Krocket anbietet. Der im achtzehnten Jahrhundert von Andrea Capponi angelegte Rasen ist das Herzstück des Gartens und bildet zugleich seine Mittelachse. Er verbindet das Arnotal mit dem Nymphäum auf dem abfallenden Hügelhang. Die Kreuzachse ist etwa halb so lang – 105 m – und führt vom Innenhof der Villa zum Grottengarten. Auf der rechten Seite des Rasens verläuft eine schön dekorierte Mauer, hinter der sich der Grottengarten und eine bewaldete Fläche mit jahrhundertealten Steineichen (*Quercus ilex*) verbergen. Der Boden ist mit Immergrün (*Vinca major*) und Stacheligem Mäusedorn (*Ruscus aculeatus*) bedeckt. Links liegt das Haupthaus mit einigen niedrigeren Nebengebäuden, die früher einmal die Kapelle und eine Tennishalle beherbergten und heute als gut ausgestattete Gästehäuser dienen. Rechts steht eine Reihe von zehn riesigen Urnen, die im April und Mai mit Azaleen in wundervoll strahlendem Rosa gefüllt sind.

Der Grottengarten wurde im achtzehnten Jahrhundert angelegt, um eine Verbindung zwischen zwei Ebenen zu schaffen – dem Wald und der Orangerie. Hier stehen die Allegorien der vier Jahreszeiten – weibliche Terrakottastatuen, ein Lächeln auf den Lippen und Blumen im Haar. Im Sommer sind sie umgeben von blühenden Hortensien, Rosen und Glyzinen. Wie in anderen Renaissancegärten, etwa denen der Villa d'Este und der Villa Lante, gibt es auch hier Wasserdüsen, die ursprünglich zur Erheiterung der Gäste installiert wurden. Leider funktionieren sie hier nicht mehr. Die Sandsteinbalustrade ist mit Blumenmotiven geschmückt, und die Wände sind mit Fossilien und Korallen überzogen.

Auf der obersten Terrasse steht das älteste Haus der ganzen Umgebung; es stammt aus dem fünfzehnten Jahrhundert. Dies war der Sitz der Gamberelli, einer Steinmetzfamilie, die für ihre Arbeiten in der Stadt Pienza berühmt war. Von hier aus hat man einen Blick auf die Olivenhaine unten im Tal. In der wundervollen Orangerie neben der Terrasse überwintern Zitruspflanzen –

Während der warmen Jahreszeit werden Kübel mit Zitrusbäumchen in den Hecken des Wasserparterres versenkt. Die Hecken sowie die zu Würfeln und Halbkugeln geschnittenen Bäume sind makellos gestutzt, ebenso wie die kugelförmige *Phillyrea latifolia* ganz am Ende in der Nähe der Zypressenmauer.

Oben: Es gibt viele Hunde in der Villa Gamberaia – in Gestalt wundervoller Steinskulpturen.
Sie sind die symbolischen Wächter des Anwesens. Im Hintergrund liegt das Dorf Settignano
mit der Kirche Santa Maria; in der Ferne ist eben
noch Brunelleschis dunkelrote Domkuppel zu
erkennen.
Unten rechts: Eine prachtvolle Frauenbüste auf
einer reich geschmückten Sandsteinbrüstung
im Grottengarten.
Unten links: Der wundervolle Rasen ist 225 m
lang und bildet eine Mittelachse vom Nymphäum zum Hügel mit seinem prachtvollen
Blick über das Arnotal hin. Im April und Mai
stehen hier riesige Töpfe mit leuchtend rosa
Azaleen.

Zitronen- und Orangenbäumchen, Mandarinen, Grapefruit und Kumquats. Während der wär-
meren Monate stehen die Urnen versteckt in den Buchsbaumhecken des Parterres oder sonnen
sich im Hof neben der Orangerie. Eine Frau, die mit einer Staffelei vorbeischlendert kommt,
erzählt mir, dass sie eine Kunstgruppe aus den Vereinigten Staaten leitet; die Orangerie dient
der Gruppe bereits seit vier Wochen als Atelier, und untergebracht ist man in den Gästehäusern
der Villa.

Im Dezember ist es sehr kalt im Büro des Anwesens – minus fünfzehn Grad draußen, plus
fünf Grad drinnen, was zugleich eine Vorstellung von der Dicke der Mauern gibt. Mit Hilfe
zweier Heizungen und einer Tasse Kaffee halte ich mich einigermaßen warm. Luigi Zalum, der
Eigentümer, tritt in zimtfarbenem Filzhut und langem beigefarbenem Mantel ein.

Sein Schwiegervater, der Industrielle Marcello Marchi, kaufte die Villa Gamberaia nach dem
Zweiten Weltkrieg. Die Deutschen hatten das Haus als Hauptquartier genutzt und Karten,
Pläne und Berichte hier gelagert. Als sie sich zurückzogen, ordnete ein deutscher Offizier an,
die Villa niederzubrennen, und ein gehorsamer Soldat legte mit Hilfe von Benzin ein Feuer, das
aber glücklicherweise nicht das ganze Haus vernichtete. In seinem Tagebucheintrag vom
4. März 1948 schreibt Bernard Berenson: „Ging zur Villa Gamberaia hinüber und fand sie vernachlässigt, verwildert, das Gras ungemäht, die Bäume mit abgerissenen Ästen wie Elefanten
mit abgebrochenen Stoßzähnen, das Haus selbst ausgebrannt, der wundervolle Hof eingebro-
chen, die Vasen und steinernen Tiere von den Mauern gestürzt und zerbrochen – und doch hat
sich der Zauber des Ortes erhalten, seine Kraft, Sehnsüchte und Träume, süße Träume zu
wecken."

Ich frage Luigi Zalum nach dem Geheimnis seines gepflegten, wundervoll proportionierten
Gartens. „Wasser und Dünger", lautet die sachliche Antwort. „Und außerdem achte ich darauf,
nur Gärtner einzustellen, die ihr Handwerk verstehen. Ich will, dass die Villa für die nachfol-
genden Generationen instand gehalten wird, aber die Eintrittsgelder reichen nicht für alles."

Dreihundert Jahre lang haben sich die Nachbarn um die Rechte an den drei Quellen auf dem
Grundstück gestritten. Vor einigen Jahren hatte Luigi Zalum den Streit schließlich satt und ließ
einen tiefen Brunnen graben. Ein weiteres Problem stellen die Überschwemmungen im Frühjahr dar; sie spülen Pflanzen und Erde von den Hängen und drohen das Haus zu beschädigen.
„Aber trotz aller Probleme habe ich eine emotionale Bindung an diesen Ort – es ist mein Schicksal, die Villa instand zu halten und sie für die Zukunft zu bewahren", sagt Zalum, bevor er seinen breitkrempigen Hut wieder aufsetzt.

Ich verlasse den Garten, und nach einer scharfen Kurve parke ich meinen Fiat auf dem Dorf-
platz. Das wundervoll gelegene Caffé Schnuff bietet einen Blick auf die Kirche Santa Maria und
die Piazza Tommaseo. Ich entspanne mich bei einem doppelten Espresso und sehe zu, wie die
Einheimischen auf der Piazza ihren Geschäften nachgehen.

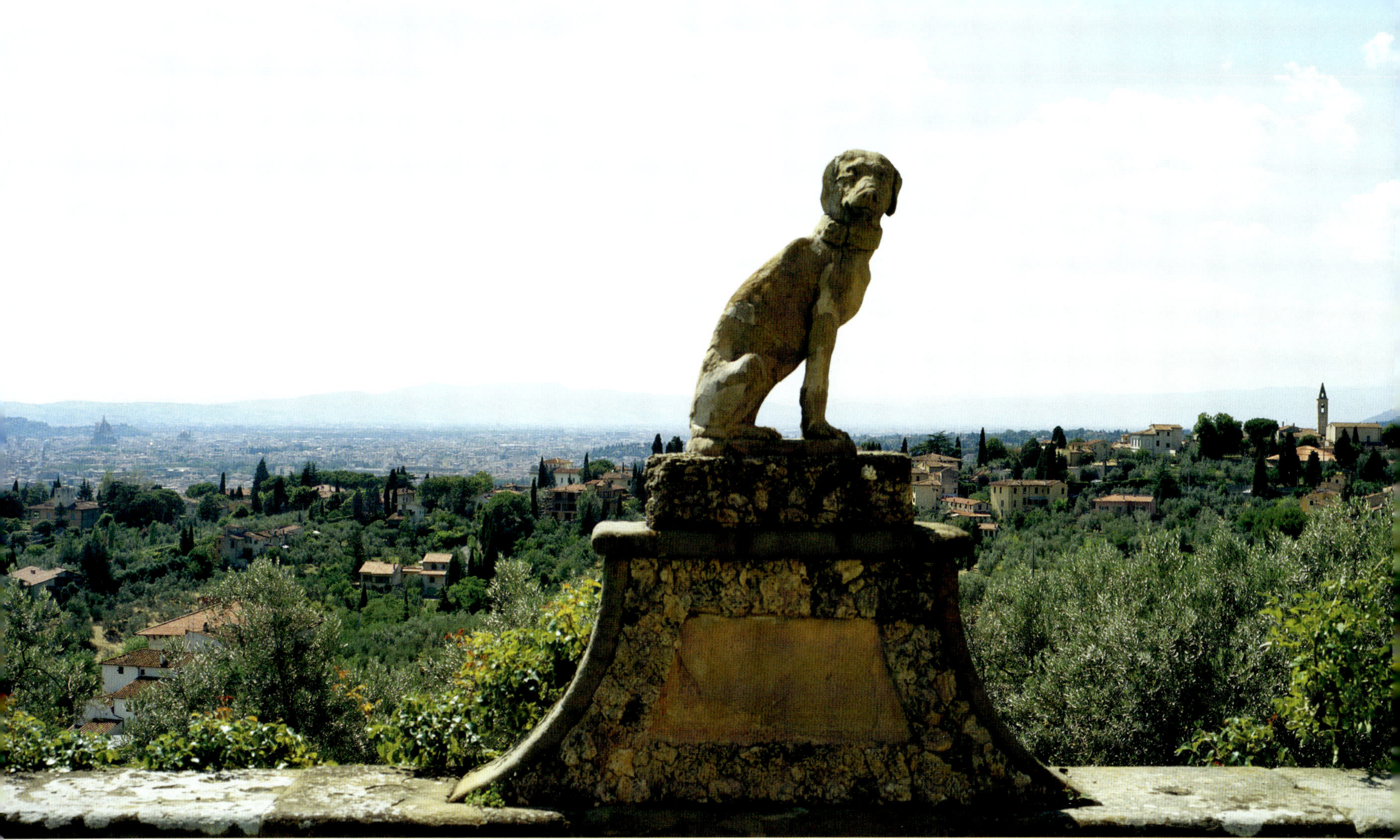
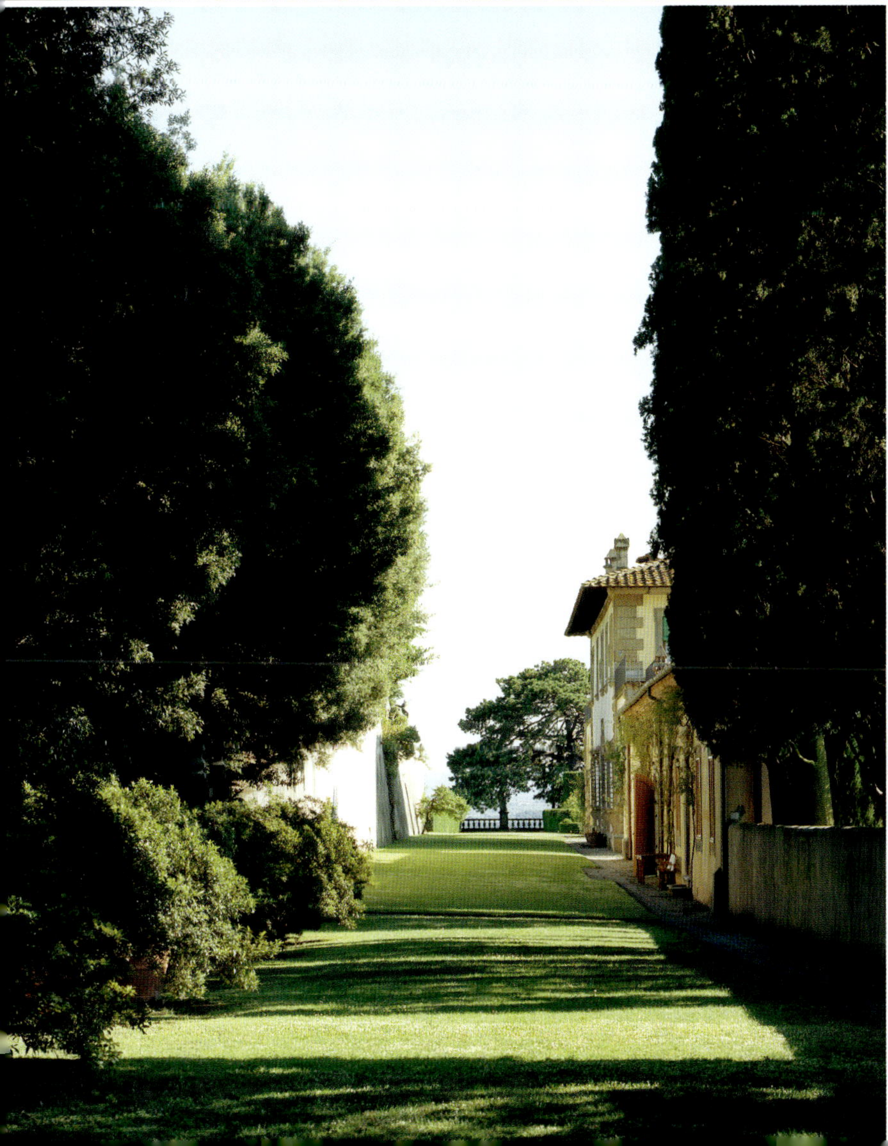
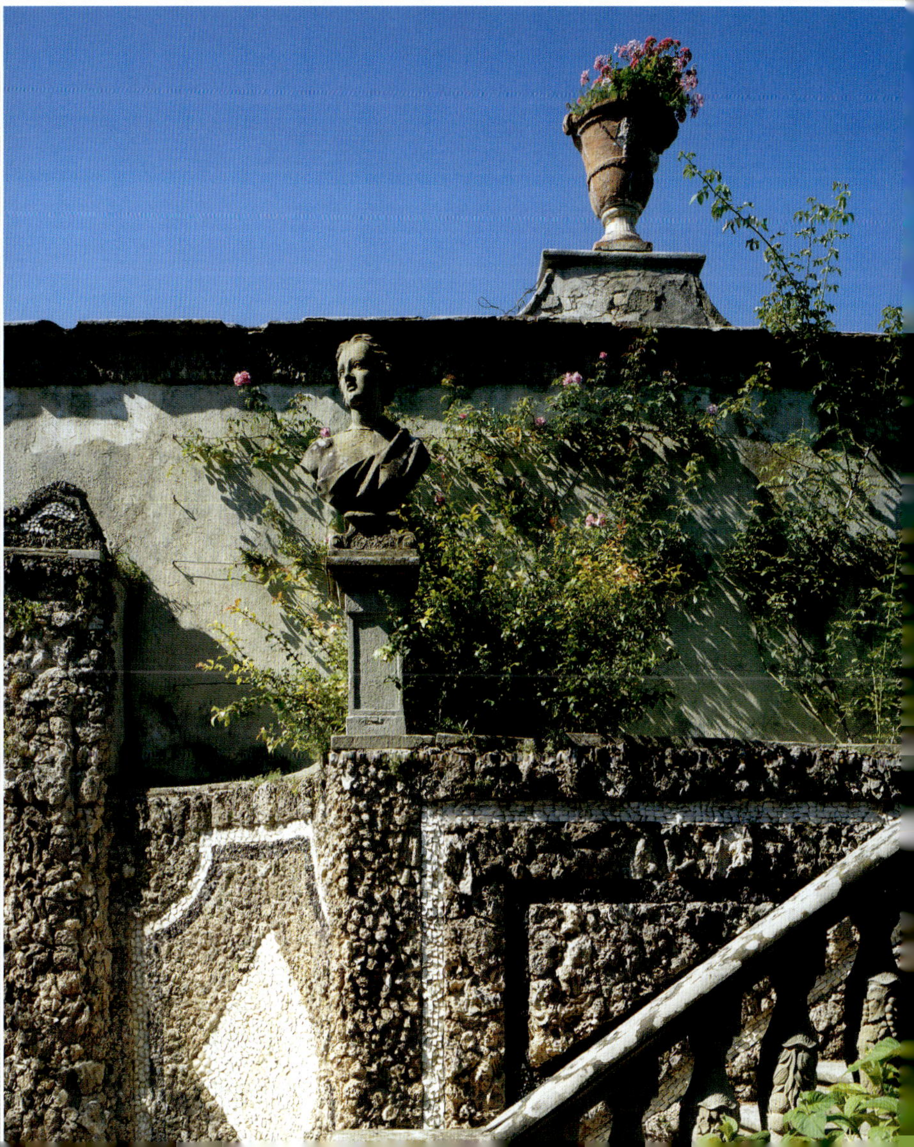

EIN ANGLO-ITALIENISCHER GARTEN IN EINER MONDLANDSCHAFT
GESCHAFFEN VON IRIS ORIGO UND CECIL PINSENT, 1926–1939

Der uralte Blauregen gedeiht trotz des heißen, trockenen und dabei windigen Klimas und benötigt erstaunlich wenig Pflege. Er geht auf eine einzige Mutterpflanze zurück und hat inzwischen die gesamte Pergola überwuchert, die sich auf die Hügellandschaft hinaus öffnet.

La Foce

Val d'Orcia

Geradeaus über das Tal hinweg sehe ich eine Zypressenallee im Zickzack den Hang hinaufklettern. Wenn ich mich nicht irre, habe ich genau dieses Motiv auf einer Kunstpostkarte in Siena gesehen. Ist dies ein ungewöhnliches natürliches Phänomen, oder wurde die Allee angepflanzt? Die Erklärung findet sich auf dem Landsitz La Foce.

La Foce liegt hoch oben auf einem Hügel südlich von Siena zwischen den Städten Pienza und Montepulciano, umgeben von sanften Hügeln aus dem charakteristischen gelbbraunen Kalkstein *terra di Siena*. Hier gründeten die britisch-amerikanische Autorin Iris Origo und ihr italienischer Ehemann, der Marquis Antonio Origo, in den zwanziger Jahren des vergangenen Jahrhunderts ein einträgliches Landgut. Sie bauten ein ehemaliges Wirtshaus und Kloster aus dem Jahr 1498 zu einer privaten Villa um und legten im hügeligen Gelände einen Garten an, der eine Mischung aus italienischem Renaissancegarten und englischem Blumengarten darstellte.

Während ich auf meine Führung durch die Villa warte, gehe ich den Hügel hinunter, vorbei an Magazintoren mit schöner Alterspatina bis zu einem Aussichtspunkt. Vor mir breitet sich eine höchst ungewöhnliche Landschaft aus. In ihrer kargen Schönheit erinnert sie mich an Bilder von der Oberfläche des Mondes. Die Farbe der sanft geschwungenen Hügel ändert sich mit dem Lauf der Jahreszeiten und natürlich auch mit den angebauten Feldfrüchten. Unten im Tal fließt gemächlich der Fluss Orcia in einen künstlichen See, der in den 1920er-Jahren angelegt wurde. Der im Westen gelegene vulkanische Monte Amiata ist 1400 m hoch und heute von einem Netz aus Skiliften überzogen.

Iris Origo war eine bekannte Autorin mehrerer Bücher, darunter auch der 1970 erschienenen Autobiographie *Images and Shadows* (dt. Titel: *Goldene Schatten: aus meinem Leben*), in der sie ihre Jugend in der Toskana beschreibt. Sie wurde in den ersten Jahren des zwanzigsten Jahrhunderts als Tochter eines in London tätigen Amerikaners, William Bayard Cutting junior, und seiner Frau Sybil geboren. Die Gärtnerei war eine Familientradition; Iris' Großeltern väterlicher-

seits hatten auf Westbrook, ihrem Anwesen auf Long Island, eine Sammlung exotischer Bäume aus aller Welt zusammengetragen, die Besucher aus dem ganzen Land anzog.

Iris wuchs bei ihrer Mutter in der berühmten Villa Medici in Fiesole auf. Als einziges Kind in einem akademisch geprägten Umfeld führte sie ein geselliges Leben mit mehreren Auslandsreisen. Sie heiratete den Italiener Antonio Origo, und gemeinsam entdeckten sie La Foce, wo sie sich im Jahre 1926 niederließen. Das Hauptgebäude war eine *osteria*, eine Mischung aus Krankenhaus und Wirtshaus, die vermutlich von dem Renaissancearchitekten Baldassare Peruzzi entworfen worden war. Als die Origos kamen, gehörten fünfzehn kleine Bauernhöfe zum Anwesen. Der Boden war hart und trocken, die Gegend arm. Iris und Antonio legten großen Wert darauf, das Anwesen zu erschließen und den Bauern zu einem Auskommen zu verhelfen, auch indem sie den Kindern eine Schulbildung und bessere Gesundheitsfürsorge verschafften. Mit der Anlage des künstlichen Sees wurde das Tal trocken gelegt und der Schlamm gelockert; dies ermöglichte die Kultivierung des Landes.

Die Zypressen des Unteren Gartens sind in Form eines Schiffsbugs angeordnet. Die Bäume wurden wie eine Mauer rings um den Garten angepflanzt, um Schutz vor dem schneidenden Wind zu bieten, der im Herbst heftig aus Nordwesten weht. Ohne diesen Windschutz hätten die Pflanzen kaum eine Überlebenschance.

109

Die Hauptachse des Gartens ist von Buchsbaumhecken eingefasst, deren makellos gerade Linien von sorgfältig gestutzten Halbkugeln unterbrochen werden.

In ihren Memoiren beschreibt Iris, wie sie über die karge Landschaft hinausblickte und sich dabei nach der sanften, geordneten Florentiner Landschaft ihrer Kindheit oder nach grünen englischen Wiesen und großen Bäumen sehnte – und mehr noch nach einem hübschen Haus mit Garten, in das sie am Abend heimkehren konnte. 1927 wandte sie sich an einen britischen Freund, den Architekten Cecil Pinsent, der bereits mehrere Projekte in der Umgebung von Florenz betreut hatte – Häuser, Inneneinrichtungen und Gärten. Pinsent hatte die Gabe, „auf die Landschaft zu lauschen" und die natürliche Gestalt der Umgebung zu respektieren. Zudem war er ein Meister der schwierigen Kunst, Gärten in Hanglagen zu gestalten, wie die Gärten der Villa I Tatti (S. 132), der Villa Le Balze und der Villa Capponi bezeugen können.

In La Foce treffen zwei Gartenstile aufeinander. Cecil Pinsent war fasziniert vom Konzept des italienischen Renaissancegartens mit seinen geometrischen Formen, Sichtachsen und Aussichtspunkten. Es war nötig, einen Schutz vor der *Cremontana* zu schaffen – dem schneidenden Nordwest-Wind, der im Herbst heranfegt; ohne einen solchen Schutz hätten die Pflanzen kaum Aussicht aufs Überleben gehabt. So pflanzte Pinsent eine Mauer aus Zypressen und Stechpalmen, die den Garten einfasst wie ein Rahmen. Im Inneren wurden Quadrate aus Buchsbaumhecken und Pfade angelegt, die Gartenräume umschlossen wie in den italienischen Renaissancegärten des sechzehnten und siebzehnten Jahrhunderts. Vom Haus aus blickt man einen fast hundert Meter langen Buchsbaumkorridor entlang, der auf den fernen Monte Amiate zuzuführen scheint. Der Buchs ist zu Halbkugeln zurechtgeschnitten, deren kleine glänzende Blätter nach jeder Berührung elastisch zurückspringen. Dies ist die Hauptachse des Gartens, auf die sich die einzelnen Räume beziehen. Eine 75 Meter lange Pergola teilt den Garten in eine obere und eine untere Hälfte.

Dem Haus am nächsten liegt der Fontänengarten, ein Gartenraum, der von dem L-förmigen Haus selbst begrenzt wird. Weiße und schwarze Tulpen wachsen innerhalb der rahmenden Buchsbaumhecken, und in der Mitte liegt ein ländlicher Brunnen aus Travertin. Die Origos verwendeten heimische Materialien; an Stein wurde ausschließlich der poröse Travertinmarmor eingesetzt, der in den Höhlen bei Siena abgebaut wird. In einer Ecke des Fontänengartens bilden dichte, zur Kuppel geschnittene Lorbeerhecken eine versteckte Laube, wo Iris ungestört schreiben konnte – es ist nur einer von mehreren solcher Orte in diesem Garten.

Die Orangerie ist der größte unter den Gartenräumen; sie ist geprägt von den in regelmäßigen Abständen wiederholten Buchsbaumhalbkugeln. Von der Balustrade aus stelle ich fest, dass der Untere Garten die Gestalt eines Schiffsbugs hat. Eine der prachtvollen Magnolien wächst nicht mehr, seit ihre Wurzeln auf Fels gestoßen sind. In einer Wand aus streng gestutzten Zypressen öffnet sich ein Fenster und bietet einen Ausblick über das Tal. Eine weitere Querachse beginnt mitten im Zitronengarten und erstreckt sich über den Hang, an der Treppe und dem Rosengarten vorbei und aufwärts durch eine Zypressenallee, bis sie in der Ferne an einer Statue endet.

Es ist eindrucksvoll, mit welchem Geschick Cecil und Iris die Höhenunterschiede eingesetzt haben, um einen Garten auf mehreren Ebenen zu schaffen. Die Inspiration für den oberen Blumengarten lieferten England und die Arts-and-Crafts-Bewegung, vor allem die Entwürfe Gertrude Jekylls. Die Bedingungen von La Foce waren weniger günstig als in England, aber trotzdem gibt es neben dem Rosengarten auch noch Lavendel, Pfingstrosen, Anemonen und Geranien, die im Juni und Juli blühen. Über die Pergola rankt sich eine alte, aber kerngesunde Glyzine; die Äste entspringen einer einzigen Mutterpflanze, deren Stamm fast die Dicke eines Baums hat. Sie wächst rasch, aber ihre Blütezeit ist kurz. Am Ende des Gartens wachsen Kräuter wie Thymian, Rosmarin und Salbei, dazu einige mediterrane Sträucher.

Auf dem Hang oberhalb der langen Pergola steht eine Bank, von der man einen Blick auf die im Zickzack geführte Zypressenallee hat. Ich finde heraus, dass Iris und Cecil für die sorgfältige Anpflanzung der Bäume verantwortlich waren – vielleicht sollte man die Allee lieber ein künstlerisches Arrangement nennen. Die Origos haben sich hier von den Fresken des Sieneser Malers Ambrogio Lorenzetti aus dem vierzehnten Jahrhundert inspirieren lassen.

Mit unaufdringlicher Eleganz geht der Garten allmählich in die wildere Landschaft ringsum über. Ein Pfad führt zu einer Kapelle und einem winzigen Friedhof, auf dem Gianni, der Sohn der Origos, begraben ist. Er war bei seinem Tod erst sieben Jahre alt.

Heute gehört das Land bis hin nach San Quirico d'Orcia zu dem Anwesen, das insgesamt fünfundzwanzig Bauernhöfe umfasst. In einigen der Häuser leben Bauern, die das Land gepachtet haben, in anderen Urlauber. Die Origos haben La Foce ihren beiden Töchtern und einer Reihe von Enkeln vermacht. Die jüngere Tochter, Donata, lebt im Ausland, und so ist es vor allem Benedetta, die an Wochenenden und in den Ferien hierher kommt. Benedetta engagiert sich für die angewandten Künste und organisiert hier jedes Jahr kulturelle Aktivitäten, Gärtnereiseminare sowie das alljährliche Kammermusikfestival in Castelluccio, das meistens in die letzten Julitage fällt. Die Konzerte finden in Kirchen, Palästen und mittelalterlichen Türmen in der ganzen Umgebung statt. Gelegentlich nimmt Benedettas Sohn als Cellist an ihnen teil.

Scharlachrote Pelargonien blühen in einer großen Urne am oberen Ende der Treppe, die in den Unteren Garten hinabführt.

EIN KLASSISCHER TOSKANISCHER GARTEN
ENTWORFEN FÜR COSIMO I DE'MEDICI VON NICCOLÒ PERICOLI (GENANNT TRIBOLO) VOR 1550
VOLLENDET VON GIORGIO VASARI 1567

Villa Castello

Florenz

Der Garten der Medici-Villa von Castello gut fünf Kilometer außerhalb von Florenz war vermutlich der bedeutendste toskanische Garten der Renaissance.

Die Medici stammten aus dem ländlichen Gebiet nordöstlich von Florenz. Im dreizehnten Jahrhundert verließ die Familie ihren Bauernhof im Mugello-Tal in den Apenninen und siedelte nach Florenz um, wo sie sich dem Handel und später dem Bankwesen widmete. Im Lauf des fünfzehnten und sechzehnten Jahrhunderts bauten die Medici insgesamt fünfzehn Sommerhäuser. Bei ihrer Suche nach dem besten Standort zogen sie antike Schriften zu Rate, vor allem die des Plinius des Jüngeren (siehe Seite 16), in denen es darum geht, den *genius loci* zu finden – den Geist des Ortes. Haus und Garten, so schreibt Plinius, sollten mit der umliegenden Landschaft harmonieren. Das Klima und die übrigen Bedingungen – die Ausrichtung an den Himmelsrichtungen, Wind, Licht und Schatten, Hitze und Kälte und der Zugang zum Wasser – sollten im Gleichgewicht sein. Zugleich sollten auch spirituelle Bedingungen erfüllt sein – mystische und magische Aspekte müssen berücksichtigt werden.

Als Cosimo I de'Medici 1537 zum Großherzog der Toskana gewählt wurde, zog er in die Familienvilla in einem Dorf bei Florenz, zu dem in früherer Zeit einmal ein römischer Stausee gehört hatte. Er gab einen Garten in Auftrag, dessen Entwürfe von dem Bildhauer und Architekten Niccolò Pericoli (genannt Tribolo) stammten.

Eine Allee aus Ulmen führt auf das Anwesen zu. Durch ein Tor in der Mauer rechter Hand erreicht man den Garten; er ist in drei große Terrassen unterteilt, die aufwärts in die Landschaft hineinsteigen.

Der oberste und wildeste Teil des Gartens, der *bosco*, stellt allegorisch die Ursprünge der Familie Medici in den Apenninen dar. Zwischen Zypressen, Steineichen und gewundenen Pfaden liegt ein Teich, an dem eine gigantische frierende Figur kauert – eine Verkörperung der Apenninen, die sich mit den Armen gegen die Kälte zu schützen versucht.

Gegenüber: Der Hauptgarten auf der untersten Terrasse ist nach mathematischen Prinzipien angelegt und besteht aus sechzehn Beeten mit einem Zitrusbaum an jeder Ecke. In seiner Blütezeit galt der Garten von Villa Castello mit seinen Pflanzen und seiner symbolischen Dimension als der vielleicht schönste Garten Europas. Heute ist er berühmt für seine zahlreichen verschiedenen Zitrusbäume.

Die oberste Terrasse, der *bosco*, steht ganz im Zeichen der Mythologie. Inmitten eines von Bäumen umstandenen Teiches sitzt ein frierender Mann, der sich mit den Armen zu wärmen versucht. Er verkörpert die Apenninen, aus denen die Familie Medici ursprünglich stammte.

Die mittlere Terrasse wurde für die Zitronenbäume geschaffen und bis zum Ende des achtzehnten Jahrhunderts von einer Mauer geschützt. Im neunzehnten Jahrhundert errichtete man Gewächshäuser zum Schutz der empfindlicheren Pflanzen. Sie dienen heute noch dem gleichen Zweck – der Überwinterung der Zitrusbäume.

Der Hauptgarten direkt am Haus besteht aus sechzehn rechteckigen Blumenbeeten, die durch Pfade voneinander getrennt und von Buchsbaumhecken gerahmt sind. Die Hecken werden durch Zitronen- und Orangenbäumchen aller Sorten betont; sie stehen in aufwändig verzierten Terrakottatöpfen auf niedrigen Sockeln. Inspiriert wurde diese Gestaltung im Großen und Ganzen vom gerade wieder entdeckten Gedankengut der Antike und von der maurischen Gartenkunst. Der Garten sieht aus, als habe inmitten der ungezähmten Landschaft eine mathematische Formel Gestalt angenommen. Mit seiner Verkörperung von Ordnung, Konservatismus und Absehbarkeit drückt er den Wunsch des Renaissancemenschen aus, die Natur zu kontrollieren.

Statt den Garten mit Statuen von Heiligen, Kardinälen und Päpsten zu bevölkern, gab Tribolo Standbilder der berühmtesten griechischen und römischen Philosophen in Auftrag.

Es ist ein Glücksfall, dass die von Tribolo entworfene Grotte unter der obersten Terrasse erhalten geblieben ist. Mit ihrer Dekoration aus Muscheln und vielfarbigem Marmor ist sie geradezu eine Antwort der Renaissance auf die Nymphäen der Antike. Sie wurde als kühler, schattiger Bereich geplant, der Schutz vor Sonne und Hitze bot. Der Boden ist mit aufwändigen Mustern aus schwarzweißen Kieseln bedeckt, die Decke mit vielfarbigen Muscheln verziert. In ihrem Buch *Italian Villas and their Gardens* (1904) beschreibt die amerikanische Autorin Edith Wharton die lebensgroßen Tiere in der Grotte – ein Kamel, ein Affe, ein Hirsch mit echtem Geweih und ein wilder Eber mit echten Hauern, dazu zahlreiche kleinere Tiere und Vögel, alle aus farbigem Marmor gestaltet, wobei die Farbe des Marmors der natürlichen Färbung der Tiere entsprechend gewählt wurde. Unterhalb dieser Gruppen befinden sich Becken aus weißem und rosa Marmor; sie sind mit Meeresgeschöpfen verziert und ruhen auf Delphinen.

Auf dem Weg zur Grotte hätte man seinerzeit eine Überraschung erleben können – die Wasserspiele. Das Wasser hatte große Bedeutung für Cosimo de'Medici – es war ein Symbol für Reichtum und Überfluss und zugleich auch ein Symbol der Harmonie. Aus diesem Grund brachten er und Tribolo, der außerdem Hydraulikspezialist war, im Garten so viele Brunnen jedes denkbaren Typs unter. Eine unterirdische Leitung führte das Wasser von den Aquädukten zu den Teichen und Springbrunnen des Gartens.

Das Reisen und die Entdeckung neuer Kontinente hatten es mit sich gebracht, dass neue exotische Pflanzen in Europa eintrafen, und Cosimos Gärtner in der Villa Castello bestellte seltene und ausländische Pflanzen. Die Orangenbäume stammten aus Portugal, Neapel, Genua und Pietrasanta und wurden in Töpfen kultiviert, damit sie beweglich blieben. Wenn Reisende des sechzehnten und siebzehnten Jahrhunderts die Villa Castello als den schönsten und opulentesten Landsitz Europas beschrieben, bezogen sie sich nicht nur auf die Architektur und die Brunnen, die man heute noch sehen kann, sondern auch auf die vielen exotischen Pflanzen, die im Garten wuchsen. Unter ihnen waren Granatapfelbäume, kletternder Jasmin und Orangenbäume aus Sevilla, die an Spalieren gezogen wurden. Von ihnen ist heute nichts mehr zu sehen – mit Ausnahme einiger Obstbäume an Wandspalieren.

Der Garten der Villa Castello wurde über fast vierzig Jahre hinweg angelegt, und den größten Teil dieser Zeit war der Herzog abwesend. Aber in seinen späteren Jahren ließ er sich wieder in der Villa Castello nieder.

Gegen Ende des achtzehnten Jahrhunderts veränderte sich vieles in dem Garten, wenig davon zum Besseren. Die Zypressen rings um den Herkulesbrunnen in der Mitte der untersten Terrasse wurden entfernt, und die großen Fischteiche vor dem Haus wurden zugeschüttet. Viele der seltenen und exotischen Pflanzen gingen ein. Heute allerdings besitzt der Garten wieder eine große Sammlung verschiedener, sorgfältig nach Gattung und Art geordneter und nummerierter Zitrusgewächse; Studenten und Botaniker kommen von weither, um sie zu sehen.

Die Zitrusbäume wachsen in Töpfen, die den Winter über in Gewächshäusern untergebracht werden können. Studenten und Wissenschaftler kommen hierher, um die umfangreiche Sammlung von Zitrusgewächsen zu studieren.

Villa Cetinale

Ancaiano

Der Boden rings um die Villa Cetinale ist rotbraun, rostrot, rot wie Vogelbeeren im Herbst. Mir fällt auf, wie ungeheuerlich die Farbunterschiede zwischen Cetinale und dem kaum zwanzig Kilometer entfernten La Foce in Chianciano Terme sind. Woran das wohl liegt? Ob es in Wirklichkeit zwei Versionen des *terra di Siena*-Pigments im Wasserfarbkasten gibt?

Die ursprüngliche Anlage des Gartens, 1680 von dem Architekten Carlo Fontana entworfen, ist auch heute noch sichtbar. Die über vier Kilometer lange Hauptachse beginnt irgendwo in weiter Ferne, durchläuft eine Allee und endet auf einer Hügelkuppe auf der anderen Seite der Villa. Neben dem historischen Garten haben die gegenwärtigen Eigentümer, die Lambtons, einen einladenden englischen Blumengarten mit Rosen und althergebrachten Mehrjährigen angelegt.

Haus und Garten waren ursprünglich als Sommerresidenz für Kardinal Flavio Chigi, den Neffen Papst Alexanders VII, angelegt worden; das Land war früher von den Etruskern besiedelt gewesen. Die Chigi, eine Familie von Bankiers und Bischöfen, verkauften die Villa im Jahre 1977 an den Briten Lord Lambton. Das Haus ist mit viel Liebe und Aufwand renoviert worden. Im Erdgeschoss befindet sich eine wunderbare Halle, in der man ursprünglich die mit der Kutsche eintreffenden Gäste begrüßte. Von den großen Wohnräumen des Oberstocks aus bietet sich ein atemberaubender Blick über den Garten und die Umgebung. Es gibt drei klar voneinander abgegrenzte und ganz unterschiedliche Gartenbereiche: den historischen Barockgarten, den englischen Blumengarten und den Heiligen Hain oder *bosco*.

Carlo Fontana (1634–1714) war ein angesehener und sehr vielseitiger Mann. Er entwarf Teile der Peterskirche und eine Reihe von römischen Palästen ebenso wie den Borromeo-Palast auf der Isola Bella (siehe Seite 184) und arbeitete oft mit Bernini zusammen. In der Villa Cetinale kann man sich mühelos vorstellen, wie er mit Bleistift und Lineal an seinem Schreibtisch saß – und wie er ohne zu zögern eine lange gerade Linie durch die unberührte Hügellandschaft zog, um die spektakuläre Mittelachse zu schaffen.

Oben: Die ungeheuer lange Hauptachse verläuft durch das Haus, über einen von Zypressen flankierten Rasen an marmornen Büsten und Obelisken vorbei und hinaus in die offene Landschaft.

Gegenüber: Die silbrig-blaue Rabatte aus mediterranen Duftpflanzen wie Lavendel, Heiligenkraut, Schmucklilien und Rosmarin wird von einer neu angepflanzten Zypressenallee eingefasst. Im Hintergrund schimmert der Teich.

Die Achse beginnt in den Hügeln weit im Süden der Villa Cetinale und führt an einer Herkulesstatue vorbei, durch das von den Hunden der Lambtons bewachte Eingangstor und einen wundervoll bepflanzten Vorhof, dann durch die Eingangshalle des Hauses und auf der anderen Seite wieder ins Freie. Sie verläuft weiter über eine lange, von Zypressen flankierte Rasenfläche, vorbei an Marmorbüsten und Obelisken, die zwischen den Stämmen aufgestellt wurden, und erreicht schließlich eine Terrasse. Von hier führt sie in einem steilen Anstieg über die zweihundert roh gehauenen Stufen der Heiligen Treppe oder *Scala santa* hinauf zur Einsiedelei – dem *romitorio*. Es heißt, zwölf Mönche hätten einstmals hier gelebt. Sie erhielten Unterkunft, Mobiliar und Bücher im Austausch gegen die Betreuung der Kranken und Sterbenden und ein unablässiges Gebet für den Papst und seine Familie. Vom *romitorio* aus genießt man einen prachtvollen Blick über die Hügellandschaft der Montagnola und die aneinander gedrängten Gruppen winziger Häuser und Kirchen, geschlossene Einheiten in der ansonsten verlassenen Landschaft. Die Mittelachse von Cetinale ist vermutlich die längste, die in Italien jemals entworfen und gebaut wurde.

Wieder am Haupteingang der Villa angekommen, beschließe ich nicht durch das Haus zu gehen, sondern wende mich hinter dem beschnittenen Buchsbaum und den Zitronenbäumen in Terrakottatöpfen nach links. Ein Gartentor steht halb offen. Dahinter liegt der Englische Garten im Stil Gertrude Jekylls – oder vielleicht eher im Stil der Lambtons. Die Mauer ist mit Glyzinen überwuchert; ihre Blütezeit ist fast vorbei, nur ein paar verstreute blaue Blütentrauben verstecken sich noch zwischen den hellen, weichen Blättern. In der Ferne ist die Einsiedelei zu sehen. Einen lebhaften Kontrast zu dem formalen Garten liefert eine nahe gelegene Pferdeweide, deren Bewohner die rötliche Erde mit den Hufen aufwirbeln. Es ist heiß und staubig, und ich suche den Schatten einer rosenberankten Pergola auf. Mich umgeben üppige Blumen: Rosen, Akeleien, Fingerhut und Rittersporn. Lord Lambton weist mich auf eine Gruppe von

dunkelrosa Pfingstrosen neben einer Formschnittfigur hin. Dieser Teil des Gartens ist in durch Pfade voneinander abgetrennte Blumenbeete eingeteilt; von Rosen bewachsene Pergolen stehen an den Wegkreuzungen. Schmetterlinge drängen sich um die Blüten einer langen silbrig-blauen Rabatte mit Lavendel, Heiligenkraut und anderen graublättrigen Pflanzen. Am Ende des Pfades ist ein türkisblauer Schimmer zu erkennen: das Wasser des Schwimmbeckens, das in der Hitze verlockend leuchtet. Lord Lambton spricht über seine Pläne zur weiteren Gestaltung dieses Gartenteils und zeichnet seine Vorhaben auf einem Blatt Papier auf: wir sind von einem Ring aus Zäunen umgeben, an deren Spalieren Birnbäume wachsen. Ein weiteres Element des Gartens sind die in Zuckerhutform geschnittenen Eiben.

Ich drehe einen Schlüssel in einem Schloss und betrete den Heiligen Hain. Hinter dem Tor liegt ein Waldgebiet mit Pfaden, Lichtungen und einem bezaubernden Teich. Der Wald ist mit Statuen von Heiligen, Göttern und Satyrn bevölkert. Am Ende der winzigen Pfade liegen kleine Kapellen mit moosbewachsenen Figuren. Der Wald wirkt verzaubert und etwas unheimlich. Er ist von einer über vier Kilometer langen Mauer umgeben. Zwanzig Jahre lang – vom Ende des siebzehnten bis zum Beginn des achtzehnten Jahrhunderts – wurde wegen der Volksaufstände in Siena das berühmte sienesische Pferderennen, der Palio, hier abgehalten.

Villa Cetinale ist eine wundervolle Kombination aus Altem und Neuem. Die Lambtons haben Carlo Fontanas kühnen Gartenplan erhalten und ihm zugleich mit dem englischen Blumengarten ihren persönlichen Stempel aufgedrückt.

Oben,
links: Eine der vielen Pergolen, begraben unter einer Last von Rosen.
Rechts: Der Englische Garten mit seiner Kombination aus beschnittenem Buchs und leuchtend rosa Pfingstrosen.

Gegenüber: Die Hauptachse verläuft durch das gesamte Anwesen und hinauf zur Eremitage am Kopfende der Heiligen Treppe.

Villa Reale

Lucca

Napoleons Schwester Elisa hatte ihre Entscheidung getroffen. Jetzt, da sie Fürstin von Lucca geworden war, wollte sie ein Haus, das ihrer Stellung gerecht wurde – eine Villa, die einer Prinzessin würdig war. Ein Landsitz sollte es sein, mit einem Barockgarten ähnlich dem von Versailles, wenn auch kleiner. Sie entschied sich für die Villa Reale in Marlia bei Lucca. Die Eigentümer, die Familie Orsetti, in deren Besitz das Anwesen seit hundertfünfzig Jahren gewesen war, zogen aus. Ob sie freiwillig gingen, ist nicht bekannt. Aber so soll Elisa Bacciocchi im Jahr 1806 an die Villa Reale gekommen sein.

Lucca gehört zu den schönsten Städten Italiens: ein mittelalterliches Juwel, errichtet auf römischen Fundamenten und umgeben von einer prachtvollen und gut erhaltenen Stadtmauer. Im Nordwesten liegt eine pittoreske Landschaft mit einer Reihe von Villen. Und im Dorf Marlia findet man die Villa Reale, die Herrschaftlichste von allen.

Die Mauer, die den Garten umschließt, ist über zwanzig Kilometer lang – ebenso lang wie die Stadtmauer von Lucca. Hinter einer Platanenallee breitet sich eine weite Rasenfläche vor dem Gebäude aus wie eine Theaterbühne. Versteckt hinter Bäumen und wundervoll gestutzten Hecken liegt eine Reihe herrlicher Gartenräume, darunter der Kamelienpfad, das Heckentheater oder *teatro di verdura* und der Spanische Garten.

Die Anlage des Gartens ist schwierig zu durchschauen, weil es zwei ganz unterschiedliche Stile gibt.

Die meisten der Gartenräume wurden ursprünglich im siebzehnten Jahrhundert für die Orsetti angelegt. Als Graf und Gräfin Pecci-Blunt das Anwesen im Jahr 1923 kauften, beauftragten sie den französischen Architekten Jacques Gréber mit den Arbeiten am Garten. Neben den bereits bestehenden italienischen Gärten schuf er einen romantischen Landschaftsgarten mit Sträuchern, Wasserläufen und kleinen Waldstücken. Fußwege ziehen sich in allen Richtungen durch den Garten, aber einen durchgehenden Weg gibt es nicht.

Oben: Der Spanische Garten sieht aus, als sei er von den Wasserläufen der Alhambra inspiriert.

Gegenüber: Die Kamelienbüsche des Kamelienpfades scheinen fast wild am Bach zu wachsen, umgeben von Moosen, Efeu und Lorbeer.

121

Das Heckentheater oder *Teatro di verdura*. Beschnittene Bäume und Büsche bilden ein vollständiges Theater mit Bühne, Bühnenbeleuchtung, Souffleurskasten und Zuschauerraum. In Nischen stehen aus Terrakotta gefertigte Figuren der Commedia dell'Arte – Columbine, Harlekin und Pulcinella.

Viele der Gartenräume sind sehr gepflegt; in anderen herrscht eine Atmosphäre verblasster Schönheit. Vor fünfzig Jahren waren hier mindestens dreißig Gärtner angestellt; heute sind es nur noch vier. Der heutige Obergärtner hat in den 1950er Jahren als Teenager hier angefangen. Er erzählt mir, dass die Eigentümer sich damals für jede Jahreszeit andere Blumen wünschten. Dies ist heute nicht mehr der Fall, aber der Garten wurde in den neunziger Jahren einer Runderneuerung mit umfangreichen Restaurierungsmaßnahmen unterzogen.

Wir stehen auf dem Montagnola, einem kleinen Hügel in der Mitte der großen Rasenfläche, und sehen über die vielen eleganten Bäume des Parks hin: Tannen, Eichen, Libanonzedern, Thujen und die orientalischen Platanen (*Platanus orientalis*). Sie wurden im achtzehnten Jahrhundert in großer Zahl von einer früheren Besitzerin, der spanischen Prinzessin Maria Luisa von Bourbon und Herzogin von Lucca, gepflanzt. Am unteren Ende der Rasenfläche liegt ein Teich, auf dem stolz und einsam ein Schwan schwimmt. Das Geräusch unserer Kameras scheint ihm zu missfallen; er hält zischend auf das Ufer zu. Wir machen uns schleunigst davon. Aus der Ferne dringt das Läuten von Kirchenglocken herüber.

Der Kamelienpfad ist vielleicht der charmanteste Teil des Gartens. Ein Bach fließt gemächlich zwischen blühenden Kamelien dahin. Es gibt hier viele verschiedene Sorten, denn Kamelien kreuzen sich bereitwillig. Ein Exemplar mit exquisiten schneeweißen Blüten mit blassrosa Streifen steht neben einem anderen, dessen leuchtend rosa Blütenblätter ein gelbes Herz umschließen. Als ich mich schließlich vom Anblick der im Wasser treibenden Blüten losreißen kann, bemerkte ich auch das Immergrün (*Vinca major*), das den Boden bedeckt, die wilden blauen Veilchen, das Bambusgehölz und die Lorbeerbäume. Es gibt sogar eine Stech-

palme, ein seltenes Gewächs in diesem Teil Europas, die sich aus den Pisano-Bergen hier angesiedelt hat.

In der Nähe des Hauses liegt der Gartenraum mit dem Fischteich, den Georgina Masson in ihrem Buch *Italienische Gärten* als den wohl prachtvollsten Italiens beschreibt. Er erinnere an einen riesigen barocken Ballsaal, „nur dass sich hier statt des Tanzparketts eine große schimmernde Wasserfläche ausbreitet. Darin spiegeln sich die dunklen beschnittenen Eiben und die lebendigen ‚Mauern' mit ihren helleren Grüntönen, die grauen Balustraden und die steinernen Götter und Göttinnen, und, als wären es viele kleine Lampen, die goldenen Früchte der Orangen- und Zitronenbäumchen in Töpfen." Ein Springrunnen schleudert einen Wasserstrahl hoch in die Luft, und eine leichte Brise lässt feine Wassertropfen auf die Besucher und eine der Marmorstatuen niedergehen.

Jenseits des Tores liegen noch zwei versteckte Pergolen, aber ich mache mich auf zum interessantesten Teil des Gartens. Das Heckentheater oder *teatro di verdura* ist ein vollständiges Theater, dessen Wände, Kulissen und Rampenlichter aus Vegetation bestehen. Sogar einen Souffleurskasten gibt es. Das Theater sieht aus, als sei es vor kurzem erst gestutzt worden – jemand hat eine hölzerne Leiter auf der Bühne stehen gelassen. In Nischen warten Terrakottaschauspieler auf ihren Auftritt: es sind Columbine, Harlekin und Pulcinella, alles Figuren der Commedia dell'Arte.

Wenn die Hitze zu groß wird, könnte man den Gartenpavillon, das Nymphäum, aufsuchen. Einige der verwendeten Materialien waren Nebenprodukte der Eisenindustrie des sechzehnten und siebzehnten Jahrhunderts. Die unter dem Steinboden angebrachten Wasserdüsen funktionieren noch. Hier nahm man eine gekühlte Speise zu sich; der Raum darüber könnte als Schauplatz romantischer Rendezvous gedient haben.

Der Teich mit seinem dekorativen Geländer und den Zitrusbäumchen ist mit einem barocken Ballsaal verglichen worden. Die umstehenden Bäume spiegeln sich in dem schimmernden „Tanzboden", den zudem zwei elegante (wenn auch unfreundliche) Schwäne zieren.

Dürreresistente Duftpflanzen in der südlichen Toskana
Geschaffen von Don Leevers und Lindsay Megarrity 1988

Oben: Eine nur scheinbar wackelige wein-
berankte Pergola rahmt den Blick über die öde
Landschaft „am Ende der Welt" bei Volterra in der
südlichen Toskana. Die Farbe der Hügel ändert
sich mit dem Lauf der Jahreszeiten – von Grün im
Frühjahr über Braun und Gold bis zum Grau des
Augusts und dann wieder zurück zum Grün.

Gegenüber: Der Frühling bringt üppige Blüten
in die Beete unterhalb des Hauses; während
des Sommers kommen dann die hitzeresistenten
Pflanzen zu ihrem Recht. Die Struktur des
Gartens mit seinen Bäumen, Hecken, Pergolen
und Mauern bleibt das ganze Jahr über sichtbar.

Venzano

Volterra

Eine Landschaft wie diese habe ich noch nie gesehen. Ohne Bewässerung kann hier doch
sicherlich nichts wachsen? Aber genau das haben sich Don Leevers und Lindsay Megarrity, die
sich hier ein Zuhause und einen Garten geschaffen haben, vorgenommen: Pflanzen zu züchten
und zu verkaufen, die dem heißen, trockenen Klima der Toskana standhalten können.

Die Panoramastraße 68 führt zwischen sanften Hügeln und Zypressen, die wie schwarze Weg-
weiser an der Straße stehen, auf das Meer zu. Auf halber Strecke zwischen Volterra und Colle Val
d'Elsa steht ein Schild mit der Aufschrift „Mazzola". Die Landschaft ist verlassen, aber sehr schön.

Irgendwann im Lauf des dreizehnten Jahrhunderts traf eine Gruppe von Augustinermönchen
an diesem gottverlassenen Ort am Ende der Welt ein. Auf dem Gelände einer früheren etruskischen Siedlung fanden sie eine Quelle, die ihnen das Überleben sicherte, und beschlossen zu
bleiben. Sie errichteten eine Kirche, und mit der Zeit entstand ein Kloster, das Wein, Öl und
Früchte anbaute.

1988 entdeckten die australischen Gartendesigner und Pflanzenspezialisten Don Leevers
und Lindsay Megarrity Venzano. Sie hatten einen Traum: sie wollten eine Gärtnerei und Baumschule gründen, damit die Kunden Unterstützung bei der Gestaltung eigener Gärten fänden,
und um zu zeigen, dass selbst in der Toskana und mit Pflanzen, die nicht regelmäßig bewässert werden müssen, blühende Gärten möglich sind.

„Es ist ein ganz neues Unternehmen, hier einen Garten anzulegen", sagt Don. „Wir wollten
den Leuten das nötige Selbstvertrauen und den Mut vermitteln. In der Vergangenheit hatte
man nicht genug Freizeit oder Geld, aber das ändert sich gerade. Die Leute reisen viel mehr als
früher und sind vielseitiger interessiert."

Der Garten liegt vor dem Haus und überblickt das Tal. Kleine Gartenräume liegen geschützt
zwischen Hecken und Mauern, die die Pflanzen im Winter vor dem eisigen Tramontanawind
abschirmen. In den Ecken wachsen Zwiebelpflanzen wie Schwertlilien und Gladiolen; Don und

Don, von Haus aus Geologe, hat die prachtvolle Trockenmauer selbst gebaut. Eine ungewöhnliche *Campanula*-Varietät hat sich in den Ritzen angesiedelt. Im Hintergrund ist eine dichte Lorbeerhecke zu erkennen.

Lindsay hoffen, dass sie überleben werden, ohne von den Stachelschweinen gefressen zu werden, die eine entschiedene Vorliebe für Blumenzwiebeln hegen. Im Halbschatten an der Mauer einer kleinen Kapelle sind Topfpflanzen zum Verkauf ausgestellt. Von jedem Punkt des Gartens aus hat man einen Panoramablick nach Süden über das Tal in seiner ganzen Pracht. Es liegt dort wie ein Kunstwerk in ständigem Wandel; die Farben ändern sich je nach der Jahreszeit: erst Grün, dann im August Braun und Gold, Grau und schließlich wieder Grün.

Eine Spezialität unter den in Venzano verkauften Kräutern ist der Rosmarin: Es gibt hier vierzig verschiedene Sorten. Rosmarin gedeiht in heißem, trockenem Klima, und manche Arten blühen vom September bis in den Mai. Eine hübsche rosa blühende Spielart ist *Rosmarinus* 'Vicomte de Noailles', der im marokkanischen Atlasgebirge entdeckt wurde. Ein Rosmarin mit winzigen Blättern und blassblauen Blüten ist als *R.* 'Gethsemane' bekannt geworden. *R.* 'Jackman's Prostratus' ist ungewöhnlich kompakt und hat dunkelblaue Blüten. „Gelegentlich entdecken wir neue Sorten aus zufälligen Kreuzungen, und wenn sie schön sind und in irgendeiner Hinsicht interessant, geben wir ihnen einen neuen Namen", erklärt Don.

Auch Salbei, Thymian, Oregano, Basilikum, Minze, Ysop und mehrere Lavendelsorten gedeihen in diesem fast subtropischen Klima. *Lavandula* 'Hidcote Blue' und 'Hidcote Pink' erscheinen im Pflanzenkatalog von Venzano ebenso wie *L.* 'Munstead', *L.* 'Twickel Purple', die größere *L.* × *intermedia* 'Grappenhall' – und *L. lanata* 'Venzano', eine robuste Hybride mit silbergrauen Blättern und blauen Blüten.

Die Pflanzen in Venzano sind meist mediterraner Herkunft, aber manche kommen auch aus Australien, Südamerika, Afrika, von den Kanarischen Inseln, oder aus Asien, den Pyrenäen, dem Himalaya und Kalifornien. Aus Europa stammen das Maiglöckchen (*Convallaria majalis*), das duftende violette Veilchen *Viola odorata*, Zwiebelpflanzen wie das rosa *Allium schoenoprasum* und das weiße *A. triquetrum*, ein angenehm duftendes *Geranium viscosissimum* mit violettrosa Blüten und viele verschiedene Beifußsorten: *Artemisia camphorata* (graue Blätter und gelbe Blüten), *A. absinthium* (immergrün mit silbrig-grünen Blättern und winzigen Blüten) und *A. pontica* (silbergrüne Blätter, gelbe Blüten). Auch viele Sorten von Schwertlilien gedeihen im toskanischen Klima – wir bleiben bei der Florentiner Iris (*I. florentina*) stehen, deren weiße Blüten einen blassblauen Schimmer haben.

„In zwanzig Jahren wird es in der Toskana ein paar sehr interessante Gärten geben, da bin ich mir sicher", sagt Don. „Die meisten Italiener würden gern die englischen Vorstellungen übernehmen: sie wollen einen Rosengarten, einen Rasen und ein Bewässerungssystem. Meiner Meinung nach ist das albern – letzten Endes ist unser Stil genauso schön."

An der Hauswand klettert eine *Rosa* 'Cooperi' hinauf, von deren Ursprung Don uns erzählt: „Diese Kletterrose geht auf eine Pflanze aus dem Botanischen Garten von Rangoon zurück. Ein gewisser Mr. Cooper hat sie an den Botanischen Garten von Dublin geschickt. Sie ist sehr dürreresistent; sie hat es schon mehrmals bis zum Dach geschafft und zwei Zimmer vollkommen bedeckt. Sie ist eine der wenigen Rosen, die ihre Blätter den ganzen Winter über behalten."

Ein Bauer namens Franco hat das Land auf der unteren Terrasse gepachtet. Er baut Gemüse an, das er mit Don und Lindsay teilt. Daneben stellt Franco aus den blauen und weißen Trauben, die an der Pergola hinaufklettern, auch einen (Don zufolge nicht trinkbaren) Wein her. Weiter hinten wachsen am Wegrand riesige Granatapfelbäume, die Don als „unseren größten Schatz" bezeichnet. Sie sind drei- bis vierhundert Jahre alt. Dann gibt es noch eine Chinesische Dattel, *Ziziphus jujuba*, deren Früchte zunächst nach Äpfeln schmecken und den typischen Dattelgeschmack erst mit der Reife annehmen. Im Herbst verliert sie als letzte die Blätter.

Auf der anderen Seite des Tals liegt in der Ferne auf einem Hügel Volterra. Am Abend kann man einen Pfad entlangwandern, der ins Nirgendwo führt, während ringsum Millionen von Leuchtkäfern in der Luft tanzen. Venzano ist ein verzauberter Ort, und seit fast tausend Jahren sind Menschen hier am Ende der Welt glücklich gewesen.

Dürreresistente Pflanzen säen sich in Venzano bereitwillig weiter aus und bilden weiche Kissen im Kies.

ÖKOLOGISCHE AUSGEWOGENHEIT
ENTWURF: PIETRO PORCINAI

Oben: Der Garten dieser Villa reicht in die umliegende Landschaft hinein.

Die Gärten des Pietro Porcinai

Rings um Florenz

Pietro Porcinai war vermutlich der produktivste und einflussreichste italienische Landschaftsarchitekt des zwanzigsten Jahrhunderts. Er entwarf nicht nur private Gärten, sondern auch öffentliche Parks, Autobahnrastplätze und Feriensiedlungen. Daneben wurde er hinzugezogen, wenn es darum ging, die Umgebung alter und neuer Fabriken aufzuwerten. Er war leidenschaftlich daran interessiert, mit Hilfe von Pflanzen, Licht und Wasser eine menschlichere Arbeitswelt zu schaffen.

Pietro wurde 1910 in La Gamberaia geboren. Sein Vater war Martino Porcinai, der Mann, der den Renaissancegarten der Villa Gamberaia wieder hergestellt hatte (siehe Seite 103). Ein wesentlicher Einfluss auf seine Arbeit war das Wasserparterre seines Vaters; es diente ihm im Lauf der Jahre bei vielen seiner eigenen Entwürfe als Inspiration.

Pietro war ein neugieriges und intelligentes Kind und erhielt schon mit elf Jahren ein Stipendium, mit dessen Hilfe er schließlich Gartenbau und Gartenarchitektur studierte. Später, nach einem Studium in Florenz, reiste er nach Deutschland, Belgien und Holland, um mehr über Gartenarchitektur zu lernen. Als nach dem Zweiten Weltkrieg der Wohlstand in Italien zunahm, wurde er mit Aufträgen überhäuft. Die Auftraggeber waren meist wohlhabende Italiener und Deutsche, denen es um die Gestaltung ihrer privaten Villen und Gärten zu tun war. Pietros Grundüberzeugung war, dass der Auftraggeber bei der Gestaltung seines eigenen Gartens eine wichtige Rolle spielen sollte und dass die Aufgabe des Landschaftsarchitekten darin bestand, Ratschläge zu geben und Auskünfte darüber zu erteilen, welche Pflanzen in einer gegebenen Umgebung am besten überleben konnten. Der wichtigste Aspekt war, mit dem Vorhandenen zu beginnen und Pflanzen passenden Typs auszuwählen, um Harmonie und Schönheit zu erzielen.

Hinter einem Tor in einer gewundenen Straße in Fiesole liegt ein prachtvolles Beispiel für den Typ privaten Gartens, den Pietro Porcinai entwarf. Von der Terrasse der Villa Il Martello aus sieht man das Tal unter sich liegen. Auf dem zum Tal und nach Florenz hin abfallenden Hang wächst ein Olivenhain. Der Übergang vom gepflegten Garten in die freie Landschaft verläuft fast unmerklich; sie bilden eine Einheit. Der Silberton der Olivenblätter wird von einer Bepflanzung wieder aufgenommen, die vor allem aus silbrigen und stahlgrauen Pflanzen besteht, darunter Heiligenkraut (*Santolina chamaecyparissus*), Gamander (*Teucrium divaricatum*), *Lavandula angustifolia*, Strauchgamander (*Teucrium fruticans*) und dunkelgrüner Mahonie. Einen Kontrast dazu bilden dunkelrote Bleiwurz (*Plumbago indica*) und Büschel blauer Vergissmeinnicht in versenkten Töpfen. Das Schwimmbecken am unteren Ende des Gartens ist erst zu sehen, wenn man fast davor steht. Es ist von Olivenbäumen und Terrakottaplatten eingefasst, und der Blick auf Brunelleschis Dom ist atemberaubend. Die Atmosphäre des Gartens ist luftig und natürlich, trotz der sorgfältigen, bis ins letzte Detail durchdachten Planung.

Im Werk Pietro Porcinais gibt es bestimmte immer wiederkehrende Themen: der Garten als eine Fortsetzung der Landschaft, klare Formen und geometrische Elemente, Achtung vor der Natur und dem ökologischen Gleichgewicht. Er selbst hat seine Arbeit als ein „Heilen der Landschaft" beschrieben und darüber gesprochen, dass man „den Atem der Erde spüren muss, wenn man sie berührt, und der Natur mit Geduld und Respekt begegnen."

Ein spielerisch und einfallsreich gestaltetes Schwimmbecken, das sich unaufdringlich in die Grüntöne des Gartens der Villa La Terrazza einfügt.

ORDNUNG UND EINHEITLICHKEIT EINER MEDICI-VILLA
ENTWORFEN VON RAFFAELLO PAGNI FÜR FERDINANDO DE'MEDICI 1591–1599

Villa Petraia

Florenz

Nur einen kurzen Spaziergang von der Villa Castello (siehe S. 112) entfernt liegt die Villa Petraia. Sie wurde 1550 von Davide Fortini für Cosimo I entworfen und später von Raffaello Pagni vollendet. Dieser entwarf auch den Garten nach den Anweisungen von Cosimos Sohn, Großherzog Ferdinando de'Medici, dem Schöpfer der Villa Castello. Petraia liegt auf einer Hügelkuppe, die einen Panoramablick über die Landschaft bietet. Der formale Garten vor dem Haus besteht aus drei Terrassen – zwei davon schmal und durch Treppen verbunden, dazu eine breitere, die sanft abfällt. Hier liegt das fein gemusterte Buchsparterre, das mit unterschiedlichen Blumen, vor allem Iris, gefüllt ist. Der Zierteich mit glasklarem Wasser liegt unterhalb des Hauses auf der oberen Terrrasse. Er sieht aus wie ein Fischteich, enthält in Wirklichkeit aber den Wasservorrat für den gesamten Garten. Hinter der Villa liegt ein englischer Landschaftsgarten. Geht man am Teich entlang nach links, stößt man auf einen Bereich mit Blumen und Zitronenbäumen. Das Gewächshaus hier wurde schon 1833 gebaut, um die tropischen Pflanzen zu schützen, die zu jener Zeit gerade in Mode waren. Heute sendet eine Reihe von Zitrusbäumchen in Töpfen einen herrlichen Duft durch die offenen Fenster ins Freie. Vittorio Emanuele, der erste König des vereinten Italien, war nach 1872 Besitzer der Villa. Seine Loggia im Haus ist einen Besuch wert.

Oben: Der Teich auf der unterhalb des Landhauses gelegenen Terrasse ist ein Wasserspeicher, aus dem der ganze Garten versorgt wird. Eine Treppe führt zum Portal und der herrlichen Loggia Vittorio Emanueles hinauf. Von hier aus hat man einen eindrucksvollen Blick über die Arnoebene bis zu den fernen Bergen.

Gegenüber: Der Turm der Villa Petraia hat eine unverkennbare Ähnlichkeit mit dem des Palazzo Vecchio in Florenz. Auf dem Hang vor dem Haus bilden Buchsbaumhecken die Muster eines Parterres, das mit einer Vielzahl von Blumen bepflanzt ist, vor allem Schwertlilien.

Ein Renaissancegarten in moderner Interpretation
Geschaffen von Cecil Pinsent in Zusammenarbeit mit Geoffrey Scott, 1909

Oben: Ein modernes Parterre mit geometrischem Muster. Die Beete zwischen den niedrigen Buchsbaumhecken sind mit Heiligenkraut bepflanzt; so entsteht ein auffallender Kontrast von Silbergrau und Grün.

Gegenüber: Der Hauptgarten liegt an einem Hang und hat eine lange, von einem geometrischen Muster gesäumte Mittelachse. Cecil Pinsent interessierte sich sehr für Mathematik und hatte eine Vorliebe für geometrisch beschnittene Bäume.

Villa I Tatti

Settignano

Im Jahr 1909 beauftragten die neuen Besitzer von I Tatti, der Kunsthistoriker Bernard Berenson und seine Frau Mary, den britischen Architekten Cecil Pinsent mit der Neugestaltung des Bauernhauses und des Obstgartens sowie der Anlage eines formalen Gartens auf einem nahe gelegenen Hang, der das Arnotal überblickt. Es war Pinsents erster großer architektonischer Auftrag; viele weitere sollten folgen, darunter La Foce (S. 108), Villa Medici und Le Balze in Fiesole. Von 1914 an beteiligte sich sein Landsmann Geoffrey Scott, Autor von *The Architecture of Humanism*, an der Arbeit an I Tatti.

Pinsent hatte die Strukturen und Proportionen des Renaissancegartens studiert und wollte ihre spezifische Atmosphäre auf I Tatti übertragen. Die nahe gelegene Villa Gamberaia betrachtete er als den perfekten Modellgarten; seine Ansichten fasste er 1931 so zusammen: „Der Garten muss den Eindruck erwecken, dass das Haus im Freien ausgebreitet liegt, und seine verschiedenen Ansichten müssen sich nacheinander erschließen, so dass man, wenn man ihn durchwandert, eine Reihe unterschiedlicher Eindrücke erhält."

Er begann systematisch mit der Erstellung eines Grundgerüstes für den Garten, indem er Mauern, Treppen und eine neue Allee anlegte. Dann schuf er einzelne Gartenräume auf den Terrassen, die das Haus umgaben.

Heute ist die Villa I Tatti wunderbar gepflegt, und ein Besuch dort ist ein ästhetisches Erlebnis. Die kleineren Gartenräume sind voller Pflanzen, gerahmt von den üppigen, zu Mustern angepflanzten Buchsbaumhecken. Eine Mauer ist völlig von den Ästen einer Glyzine bedeckt. Der Italienische Garten mit seinen Rechteckformen, Buchsbaumpyramiden und aufwändig mit Kieseln belegten Pfaden geht allmählich in einen weniger formalen Teil über. Eine Landschaft aus Wiesen, Bächen und blühenden Obstbäumen breitet sich dort den Hang hinab aus. Die Villa I Tatti vereint die besten Beispiele für formale und naturnahe Gartengestaltung. Sie ist eine moderne Interpretation der Gärten der Renaissance und der Antike.

MODERNE MAGIE
GESCHAFFEN VON NIKI DE ST PHALLE, 1979–1996

Der Tarotgarten

Garavicchio

Gegenüber: Über diese Figur schrieb Niki de St Phalle: „Die Karte der Kaiserin wurde mein Zuhause; sie wurde das Herzstück des Gartens. Hier aß die Mannschaft meine Mahlzeiten und schuf die Modelle für die übrigen Karten. Ich lebte allein in der Sphinx – das war unser Spitzname für die Kaiserin. Vollkommene Versenkung war die einzige Möglichkeit, den Garten Wirklichkeit werden zu lassen."

Der Tarotgarten ist ein moderner Skulpturenpark, ein Werk der Künstlerin Niki de St Phalle. Sie schuf hier mit Unterstützung von Freunden, Kollegen und Kunsthandwerkern zwanzig riesige, von den wichtigsten Tarotkarten inspirierte Figuren. Jede Figur hat eine spezifische Bedeutung. Dies ist ein geheimnisvoller, außergewöhnlicher Ort.

Die tief stehende Abendsonne wird zurückgeworfen von den Spiegeln und Fliesen, mit denen die Figuren dekoriert sind. Die Kunstwerke in einer natürlichen Umgebung zu sehen ist ein unbeschreibliches Erlebnis. Man hat das Gefühl, nichts sei hier unmöglich. Im Inneren eines achtköpfigen Drachens hängt kopfüber ein Mann; sein orangefarbenes Haar fällt nach unten, auf die Spiegel zu. Dies ist die Karte Nr. XII, der Gehängte; er repräsentiert das Mitgefühl. Ein Vogel aus der indianischen und mexikanischen Mythologie fliegt auf die Sonne zu; seine Flügel aus roten, orangefarbenen und grünen Fliesen reichen bis zu den Baumwipfeln hinauf. Dies ist Karte Nr. XIX, die Sonne. Zwischen den dunkelblau gefliesten Vogelbeinen hindurch bietet sich in der Ferne ein verstörender Anblick – ich sehe Teile einer Riesin. Sie gehören zur Karte Nr. III, der Kaiserin, Nikis bedeutendster Figur.

Tausend Fragen verlangen nach Antworten. Niki de St Phalle hat uns mitgeteilt, ihre wichtigste Inspiration sei der Park Guell in Barcelona gewesen, ein Werk des Katalanen Antoni Gaudí. Vielleicht ließ sie sich auch von den Ungeheuern des Renaissanceparks von Bomarzo anregen, der nicht allzu weit entfernt ist. Aber wie wurden die Skulpturen geschaffen? Wer hat die Fliesen gebrannt? Wer poliert all die Spiegel? Ein Mann, der sich hier sehr heimisch zu fühlen scheint, geht zwischen krummen Säulen mit farbenprächtigem Dekor umher – sie sehen aus wie eine Lakritzmischung, bestehen in Wirklichkeit aber aus glasierter Keramik. Dies ist Rico Weber, der zusammen mit den Künstlern Jean Tinguely und Seppi Imhof das erste Team bildete, damals, als die Kaiserin, die Hohepriesterin und der Magier gebaut wurden. Er erzählt mir, wie sie den Zement auf die Gerüste aus geschweißtem Stahl und Drahtgeflecht spritzten und dass einheimische

Handwerker für das Brennen der Fliesen zuständig waren. Rico erzählt auch von Stockholm Ende der sechziger Jahre, von seiner ersten Begegnung mit Niki und der ersten Riesenstatue – für das damals von Pontus Hultén geleitete Moderna Museet schufen die beiden *Sie*. Mit dem Tarotgarten wurde Nikis Traum von riesigen Statuen in einem „Garten der Freude" schließlich Wirklichkeit; vor ihrem Tod konnte sie noch die Vollendung ihres Lebenswerks erleben.

Die Boboli-Gärten

Florenz

Die Boboli-Gärten liegen hinter dem Palazzo Pitti in Florenz und dienen heute als städtischer Park. Als Eleonora von Toledo, die Gattin Cosimos de'Medici, das Grundstück 1549 der Familie Pitti abkaufte, beauftragte sie Tribolo, der bereits an der Villa Castello arbeitete, mit dem Entwurf des Gartens. Im Sommer 1550 war Tribolo bereits tot, aber den *Lebensbeschreibungen italienischer Künstler* seines Zeitgenossen Giorgio Vasari zufolge hatte er in weniger als einem Jahr die gesamte Gestaltung des Hügels hinter dem Palast sowie die Pflanzung der *boschi* entworfen.

Die Gärten wurden im siebzehnten Jahrhundert erheblich vergrößert. Zu diesem Zeitpunkt legte man auch die von der Zypressenallee, dem *Viottolone*, markierte Mittelachse an. Ein Spaziergang die Allee entlang bringt den Besucher zu dem stillen Inselteich oder *Isolotto*. Der von Alfonso Parigi im Jahr 1614 angelegte Gartenraum ist vom Maritimen Theater der Hadriansvilla inspiriert. In der Mitte liegt das Juwel von Boboli: ein ovales Becken mit einer kleinen Insel in der Mitte. Hier stößt man auf Giambolognas 1550 geschaffenen Neptunbrunnen mit dem Meeresgott und Flussgottheiten, die den Nil, den Ganges und den Euphrat darstellen. Statuen weiterer mythologischer Figuren heben sich aus dem Wasser, darunter Perseus und Andromeda. Einige Stufen höher liegt der *Giardino del Cavaliere,* der Kavaliersgarten. Im Mai ist die Terrasse voll blühender Pfingstrosen und Strauch-, Tee- und Bourbonrosen. Der Blick über Ackerland und mittelalterliche Türme hin vermittelt eine Vorstellung davon, wie die Landschaft südlich des Arno vor dem fünfzehnten Jahrhundert ausgesehen haben mag. Auf dem Weg zum Tor kommt man am großen Amphitheater vorbei, in dem die Familie Medici Theaterstücke aufführen ließ.

Oben: Die 1614 gepflanzte Zypressenallee bildet die Hauptachse der Boboli-Gärten. In den Nischen stehen klassische Statuen, viele davon Kopien römischer Originale.
Mitte: Aus dem Wasser des Inselteichs erheben sich Statuen mythologischer Figuren, darunter die weißmarmorne Andromeda von Giovanni Battista Pieratti.
Unten: Das hufeisenförmige Amphitheater in einem natürlichen Tal hinter dem Palast sieht aus wie ein römisches Hippodrom. Der Rasen ist von Sitzen für die Zuschauer, Nischen mit Statuen und streng beschnittenen Bäumen umgeben.

Parco di Demidoff
Pratolino

Der Garten der Villa Demidoff ist ein wundervoller Park für einen Spaziergang, obwohl von der ursprünglichen Anlage nichts mehr zu sehen ist. Der Architekt Bernardo Buontalenti entwarf das ursprünglich Villa Medici Pratolino genannte Anwesen zwischen 1569 und 1581 für Francesco I de'Medici. Heute ist es im Besitz der Familie Demidoff, die Teile des Gartens restauriert hat. Viele Fußwege schlängeln sich über das dreißig Hektar große Gelände. Auf die einladende Allee folgt eine Gruppe von Statuen – mythologische Figuren, die in einer Wiese voller Butterblumen dem Erdboden zu entsteigen scheinen. Die Hauptattraktion des Parks war und ist Giambolognas gigantische, 1579 geschaffene Statue des „Apennin".

Villa Mansi
Lucca

Der Garten der Villa Mansi wurde im achtzehnten Jahrhundert von Filippo Juvarra ursprünglich im französischen Stil angelegt, später aber in einen romantischen englischen Landschaftsgarten umgewandelt. In einem Wäldchen in einiger Entfernung vom Haus stoße ich überraschend auf einen unregelmäßig geformten Teich zwischen den Bäumen. Die eleganten Statuen ringsum vermitteln eine Ahnung davon, wie der Garten in seiner französischen Periode ausgesehen haben könnte. Die Atmosphäre ist formal und magisch zugleich. Anstelle der traditionellen Grotte gibt es hier eine Figurengruppe inmitten von blühenden Kamelien, die das Bad der Diana darstellt. Die badende Göttin wird von einer Dienerin betreut; ein Mann – Aktäon – sieht ihr dabei zu.

Villa Garzoni
Collodi

Das Dorf Collodi wird von der verblichenen Schönheit des Barockgartens der Villa Garzoni beherrscht, einem Werk des Architekten Ottavio Diodati um 1756. Eine Reihe von symmetrisch an einer Mittelachse ausgerichteten Terrassen zieht sich den Hang hinauf. Zwischen zwei Wasserbecken auf der untersten Ebene finden sich formal geschnittene Buchsbaumformen und geschwungene Zypressenhecken. Darüber folgt die Wassertreppe, von der aus Fußwege zu einem Irrgarten und einem grünen, aus Pflanzen und Bäumen gestalteten Freilufttheater weiterführen. Das Haus, ein formaler Palast, liegt weiter oben am Rand des Parks, was in einer Barockanlage sehr ungewöhnlich ist.

Villa Vicobello
Siena

Die Villa Vicobello, der Landsitz des Kardinals Flavio Chigi, wird Baldassare Peruzzi (1480–1536) zugeschrieben, einem Zeitgenossen Raffaels und Schüler Bramantes. Baldassare wurde als Sohn eines armen Webers in dem winzigen Dorf Ancaiano westlich von Siena geboren, jedoch in Siena selbst getauft; bekannt wurde er unter dem Namen Baldassare da Siena. Sein ungeheures Talent als Künstler und Architekt wurde früh erkannt und führte ihn bis nach Rom, wo er viele Aufträge erhielt, unter anderem auch für Arbeiten an der Peterskirche.

Der Terrassengarten von Vicobello liegt auf einem Südhang und bietet einen Blick über die mittelalterliche Stadt Siena mit der wundervollen Kuppel ihrer Kathedrale hinweg. Er entspricht hauptsächlich dem klassisch italienischen Stil mit seinen aus Buchsbaumhecken geformten und mit Gräsern oder anderen Pflanzen gefüllten Parterres, gegliedert von Halbkugeln und anderen Formen, wie sie für das sechzehnte Jahrhundert typisch sind. Die Terrassen sind mit Orangen- und Zitronenbäumen in Töpfen geschmückt, und wohin man auch sieht, man entdeckt das Wappen der Chigi mit seinen sechs Hügeln. Der westliche Teil des Gartens ist wilder und mit Rosskastanien und Stechpalmen bepflanzt. Dieser waldige Bereich ist als der Englische Wald bekannt.

Der Carla Fineschi-Rosengarten
Cavriglia

Professor Gianfranco Fineschi, der leidenschaftlichste Rosensammler der Toskana – und möglicherweise der ganzen Welt –, hat die vergangenen dreißig Jahre der Arbeit an seinem botanischen Rosengarten in Cavriglia bei Arezzo gewidmet. Seit den späten neunziger Jahren ist der Garten öffentlich zugänglich. Er ist wie eine Bibliothek über die Rosensorten der Welt oder ein lebendiges Museum organisiert; die Rosen sind ihrer botanischen Klassifikation nach gepflanzt, und ein Schild an jeder Rose nennt ihren Namen, das Jahr ihrer Ankunft in Europa und oft die Zuchtgeschichte. Bis zu 6500 Rosen werden hier präsentiert, von jeder Sorte nur ein einziges Exemplar. Ein zusätzliches dekoratives Element liefern die zwischen ihnen umherstolzierenden Pfauen.

Villa Vignamaggio
Greve di Chianti

Die Renaissancevilla Vignamaggio, die heute ein ländliches Hotel beherbergt, liegt mitten im Weinbaugebiet Chianti zwischen Florenz und
Siena. Südlich von Greve schlängelt sich eine winzige Straße auf das Dorf
Lamole zu. Hinter einer Haarnadelkurve kommt auf einer Hügelkuppe
350 Meter über dem Meer das in dezenten Ocker- und Rosatönen gehaltene Haus in Sicht.

Die Villa ist vor allem nach Süden ausgerichtet und bietet einen Blick
über Olivenhaine und Weinberge. Hinter dem Haus liegt ein im tradi-
tionell italienischen Stil gestalteter Garten – zu dekorativen Mustern
angepflanzte Hecken und Halbkugeln aus Buchsbaum. Große Urnen mit
farbenprächtigen Pflanzen stehen vor den ockerfarbenen Mauern. Wenn
man wie die Schauspieler der 1993 hier gedrehten Filmversion von
Shakespeares *Viel Lärm um nichts* weiter in den Garten hinaustanzt,
erreicht man die Zypressenallee.

Es heißt, Vignamaggio sei der Geburtsort von Mona Lisa Gherardini
gewesen, der späteren Lisa del Giocondo – Leonardos Mona Lisa.

Der Irisgarten
Florenz

Ein Garten am Piazzale Michelangelo in Florenz ist ganz der Schwertlilie
gewidmet, die seit dem dreizehnten Jahrhundert das Symbol der Stadt
ist. Der Eingang liegt auf der rechten Seite der östlichen Terrasse, und der
Garten erstreckt sich weit den Hang hinunter und auf den Arno zu. Es ist
ein wunderbar friedlicher Ort, ganz im Gegensatz zur westlichen Terrasse der Piazza, wo die Touristen sich drängen, um die Aussicht zu bestau-
nen. Der Irisgarten wird von der Società Italiana dell'Iris (SIDI) betreut,
und mehr als 2500 Schwertlilienarten blühen hier unter den Olivenbäumen. Die SIDI organisiert jedes Jahr im Mai eine dreiwöchige Blumenschau.

Venetien

Die Giardini dei Giusti

Verona

Unglückliche Liebe und Shakespeare – wenn wir an Verona denken, dann assoziieren wir nicht nur die berühmte Opernbühne in der Arena, sondern auch große Theaterstücke: Verona ist Schauplatz von Shakespeares Drama „Romeo und Julia", und in der Altstadt kann man den berühmten Balkon sehen, der in diesem Stück vorkommt.

Vom Zentrum aus gehe ich in östlicher Richtung und überquere die Etsch, um die hinter dem Palazzo Giusti gelegenen gleichnamigen Gärten zu erreichen. Der Palast selbst steht dicht an der Straße, eingezwängt in die Bebauung des lebhaften Stadtviertels. Das Erste, was mir beim Betreten des Gartens ins Auge fällt, ist die weiße Marmorstatue einer sitzenden Venus, der römischen Göttin der Liebe und der Schönheit. Sie bevölkert mit vielen weiteren mythologischen Figuren – darunter auch Bacchus und Merkur – diesen Garten. Andere Statuen symbolisieren die Ideale der Renaissance, so die Poesie und die Philosophie, und verweisen damit auf die humanistischen Interessen der Familie Giusti.

Die aus der Toskana stammenden Giusti wichen im frühen 14. Jahrhundert ins Exil nach Verona aus. Sie waren im Wollhandel tätig, und ein Zweig der Familie, dessen Mitglieder sich später Giusti del Giardino („die Giusti vom Garten") nannten, übernahm eine bedeutende Rolle im kulturellen Leben der Stadt Verona. Agostino Giusti, Ritter der Republik Venedig und vom Großherzog von Toskana in den Adelsstand erhoben, wurde gewissermaßen zur geistigen Leitfigur im Verona des 16. Jahrhunderts. Als Eigentümer des Palastes stand er auch hinter dem ursprünglichen Plan des Gartens.

Die Umfassungsmauer des Gartens trägt eine durchgehende dekorative Bekrönung, die ihrerseits nach der Stadt benannt, nämlich als „Verona" bezeichnet wird, mit Zinnen, die an die Zacken einer Königskrone erinnern. Vom Eingang mit den beiden Obelisken auf den Torpfosten zieht eine Allee hoher Zypressen als Zentralachse des Gartens den Blick bis zum Steilhang des Hügels von San Zeno und zu einer dort in den Tuff gehauenen Höhle. Ihr Inneres ist mit Spiegeln,

Seiten 140–141: Der quadratische Bau der Villa Capro, genannt „La Rotonda", 1567 von Andrea Palladio entworfen. Auf einem Hügel im fruchtbaren Umland von Vicenza gelegen, bietet die Villa nach allen Seiten einen weiten Blick über die Gärten und das umgebende Ackerland.

Gegenüber: Im Jahre 1570 ließ Agostino Giusti, ein kultivierter Veroneser Bürger, einen Garten hinter seinem Palazzo anlegen. Die heutigen Besitzer, die Grafen Nicolò und Giusto Giusti, sind bemüht, den Garten so zu halten, wie er ursprünglich ausgesehen hat.

1 Zypressenallee
2 Parterres (ursprünglich von hohen Zypressen flankiert)
3 Labyrinth
4 Steinerne Maske
5 Höhle

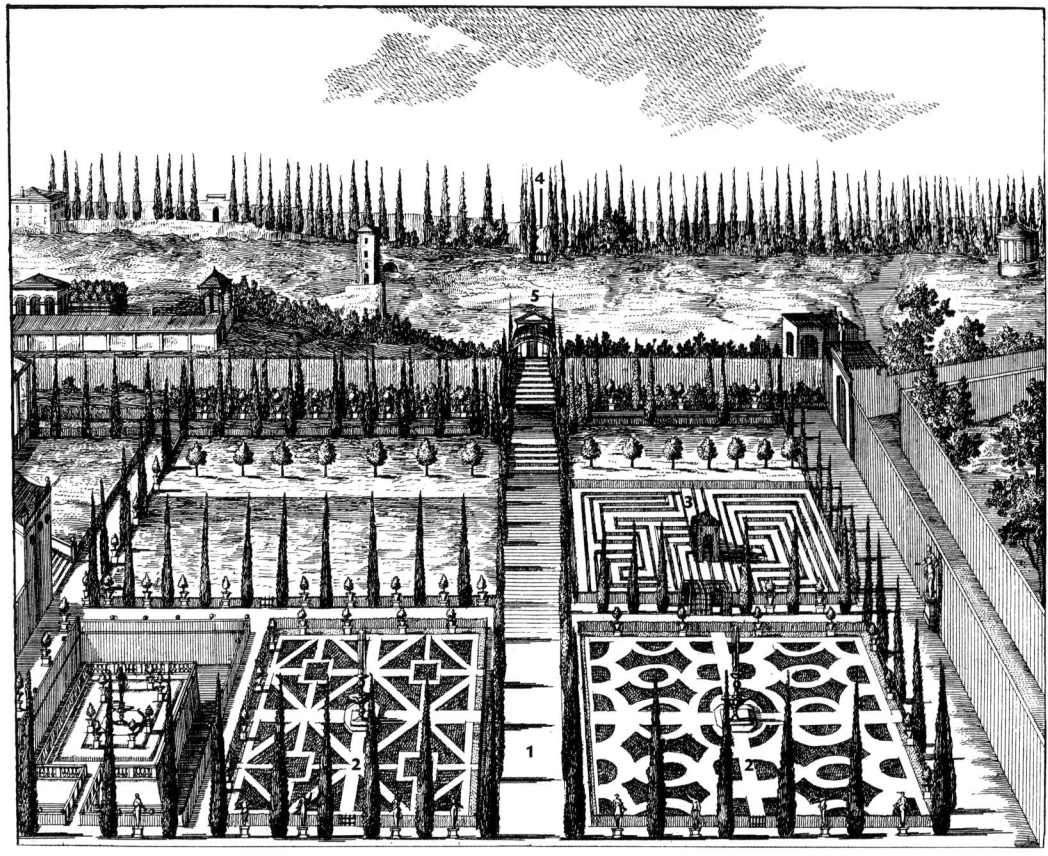

Die Giardini dei Giusti in einer Zeichnung aus dem Jahr 1714. Trotz der Veränderungen, die der Garten im 19. Jahrhundert im Sinne der damals aktuellen landschaftsgärtnerischen Vorstellungen erfuhr, ist das Grundschema heute noch das gleiche wie im 16. Jahrhundert.

Muscheln und Schalen anderer Wassertiere ausgekleidet; das verzerrende Spiel der Spiegel sollte die Besucher in Unruhe versetzen und den Kontrast zwischen der Vernunft auf der einen und den Geheimnissen und Schrecken einer unberechenbaren Natur auf der anderen Seite symbolisieren. Oberhalb der Höhle, etwa auf halber Höhe des Hanges, thront eine riesige steinerne Maske. Dahinter befindet sich ein kleiner Raum, in dem man ein Feuer anzünden konnte, das dann aus dem Mund der Maske herausloderte. Der Garten ist als eine Folge ansteigender Terrassen angelegt, und vom oberen Ende des Hügels bietet sich ein großartiger Blick auf die Stadt.

Die Giardini dei Giusti bildeten in der Regel eine Station der Grand Tour, jener Bildungsreise, die junge Adlige und Künstler vom 17. Jahrhundert an unternahmen, um die Sehenswürdigkeiten Europas kennen zu lernen. Viele von ihnen kamen über den Brenner nach Italien, und Verona – Verbindungsglied zwischen Norditalien und dem übrigen Europa – bot sich ganz selbstverständlich als Haltepunkt an.

Der französische Historiker Charles de Brosses erwähnt die Giardini dei Giusti in einem Brief aus dem Jahr 1739: „Die Giusti-Gärten entzückten mich mehr; sie sind voll von felsigen Gebilden, Grotten und endlosen, mit kleinen Rundtempeln besetzten Terrassen." Nachdem er die Zypressen beschrieben hat, fährt er fort: „Ich verlor mich in einem Labyrinth und lief eine volle Stunde in der heißen Sonne herum. Wahrscheinlich wäre ich noch immer dort, hätte mir nicht ein Gärtner geholfen, wieder herauszufinden."

Goethe besuchte die Gärten von Rom aus, und eine der Zypressen gleich hinter dem Eingangstor ist nach ihm benannt. Er soll unter diesem Baum gesessen haben, als er notierte, was er

dann später in seiner „Italienischen Reise" veröffentlichte, dem Buch, zu dem ihn die eigene Grand Tour inspirierte. Er schildert darin die „treffliche" Lage der Gärten, erwähnt die „ungeheuren" Zypressen und erinnert sich, dass er einige Zweige von hier mitnahm, die er dann bei seinem Gang durch die Stadt in der Hand trug. Die Veroneser, so schreibt er, „sahen . . . mir auf die Finger, und schienen wunderliche Gedanken zu haben."

Im 19. Jahrhundert wurden die Giardini dei Giusti zum Landschaftsgarten umgestaltet. Am Ende des 20. Jahrhunderts ließen die Grafen Nicolò und Giusto Giusti die Anlage dann aber wieder rekonstruieren, so dass sie ihrem ursprünglichen Aussehen heute wieder nahe kommt: Sie studierten die historischen Dokumente und bemühten sich, die schöne untere Terrasse und die Parterres wieder in ihren originalen Zustand zu versetzen.

Das Labyrinth gilt als eines der ältesten in ganz Europa. In seiner heutigen Form geht es auf einen Plan des Veroneser Architekten Luigi Trezza (1752–1823) zurück. Unlängst ist es neu bepflanzt worden, aber es wird einige Jahre dauern, bis die Hecken hoch genug sind, damit man sich wieder darin verlieren kann.

Der März – der Beginn der Saison – ist ein guter Zeitpunkt für einen Besuch der Gärten, denn dann sind die meisten Bäume ohne Laub und das Buchsparterre von der Spitze des Hügels aus gut zu sehen. Angeblich ist es das älteste Parterre Italiens – zweifelsfrei belegen lässt sich das allerdings nicht. Der Gang über die steinernen Stufen vom Parterre den Hügel hinauf fällt insofern leicht, als irgendein aufmerksamer Mensch auf halber Höhe einen kleinen Pavillon hingesetzt hat. Hier kann man sich ausruhen und den Garten mit seinem ansprechend geformten Parterre ausgiebig betrachten. Die Aussicht vom Hügel über die Stadt ist atemberaubend, und wer scharfe Augen hat, kann die Arena erkennen, das elliptische römische Amphitheater.

Rechts oben: Die Zypressenallee beginnt am Eingangstor und zieht sich in gerader Linie bis zum Steilhang von San Zeno. Der Blick vom Belvedere über Verona ist atemberaubend; zugleich wird deutlich, wie klein die Menschen im Verhältnis zu den riesigen alten Zypressen sind.
Mitte: Die Detailaufnahme zeigt eine geometrisch gestaltete Buchshecke. Agostino Giustis kultivierte Art und seine humanistischen Interessen spiegeln sich im Figurenprogramm mit Statuen von Philosophen und mythologischen Figuren, die die Ideale der Renaissance symbolisieren.
Unten: Wer die steinernen Stufen hinaufsteigt, kommt immer wieder einmal an einen Treppenabsatz, an dem er Halt machen, Atem holen und dabei den steinernen Gartenschmuck und das Parterre bewundern kann, auf das man von oben den besten Blick hat.

DER KREISFÖRMIGE BOTANISCHE GARTEN
ANGELEGT AB 1545

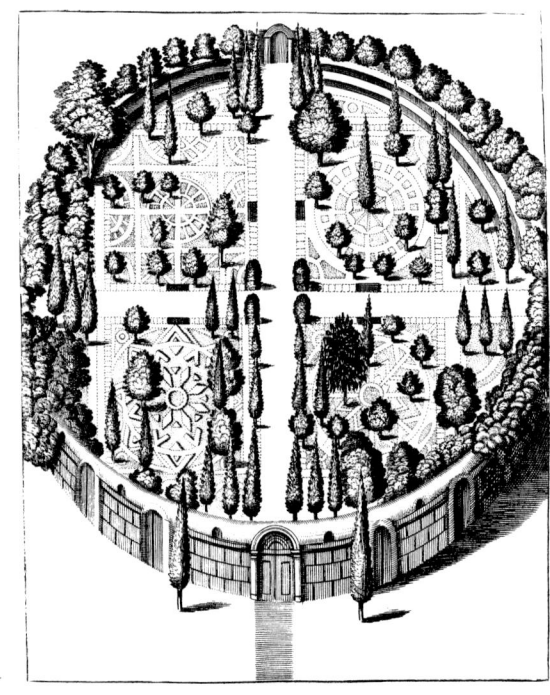

Plan des Orto Botanico in Padua von Tomasini, 1654. Die kreisförmige Fläche hat einen Durchmesser von 84 m. Archäologische Grabungen haben ergeben, dass das Grundschema des Gartens heute noch mehr oder weniger das gleiche ist wie zur Zeit seiner Gründung im Jahre 1545.

Der Orto Botanico

Padua

Der Orto Botanico, der Botanische Garten, ist ein Juwel mitten in der Altstadt von Padua, nur einen Steinwurf entfernt von der beeindruckenden Antonius-Basilika mit ihren orientalisch inspirierten Kuppeln. 1545 angelegt, ist er einer der ältesten botanischen Universitätsgärten der Welt. Das Ziel seiner Gründer lautete, möglichst viele Arten von Pflanzen zu sammeln, um deren Heilkräfte zu studieren. Heute steht der Botanische Garten von Padua als Teil des Weltkulturerbes unter dem Schutz der UNESCO.

Begonnen wurde der Garten von Francesco Bonafech und Pietro da Noale, Professoren der Medizin, und ihren Studenten. Viele bedeutende Persönlichkeiten unterstützten die Initiative, wenn auch aus unterschiedlichen Motiven. Unter ihnen waren Kaufleute, die ihre Gewinne durch Pflanzenimporte und Pflanzenhandel steigern wollten. Mitglieder des Senats von Venedig, der am 29. Juni 1545 den Beschluss zur Einrichtung des Gartens fasste, versprachen sich einen Nutzen vom Kontakt mit einem botanischen Universitätsgarten. Die wichtigste Gruppe unter allen Befürwortern bildeten allerdings die Ärzte und Apotheker, denen dringend daran gelegen war, mehr über die therapeutischen Eigenschaften der verschiedenen Pflanzen in Erfahrung zu bringen. Der Name des Entwerfers ist nicht überliefert, mit Sicherheit waren aber der venezianische Patrizier Daniele Barbaro und der aus Bergamo stammende Architekt Andrea Moroni an dem Projekt beteiligt.

Viele Arten, darunter Topinambur, Kartoffel, gelber Jasmin und Spanischer Flieder, haben Eingang nach Europa gefunden, weil sie im 16. Jahrhundert zunächst für den Botanischen Garten von Padua zusammengetragen wurden. Die Pflanzen wurden gewissenhaft von Botanikern untersucht, denen es vor allem um Arten ging, die wegen ihrer heilkräftigen Wirkung entweder allein oder in Kombination mit anderen als Medizin verwendet werden konnten. Vielfach erwiesen die Pflanzen sich aber auch in anderer Hinsicht als nützlich: als Nahrungsmittel, als Schmuck oder zu Lehrzwecken an der Universität.

Samen und Pflanzen kamen unweit von Padua im großen Hafen von Venedig an; die Sammlung wuchs und umfasste mit der Zeit Pflanzen aus beiden Amerikas, aus dem Mittleren Orient und aus anderen exotischen Weltgegenden. Im August 1834 zählte man im Orto Botanico etwa 6000 Pflanzen, aber nach dem heftigen Sturm, der an einem verhängnisvollen Tag eben dieses Monats wütete, war nur noch etwa die Hälfte davon vorhanden.

Der Garten war von Anfang an ein Erfolg und zog Gelehrte aus allen Teilen der Welt an. Auch unter einfachen Leuten erfreute er sich so großer Beliebtheit, dass man zehn Jahre nach seiner Eröffnung eine neue Mauer hochziehen musste, um dem Pflanzendiebstahl Einhalt zu tun. Tomaten und Kartoffeln allerdings wurden nicht angerührt – sie waren soeben erst aus Südamerika gekommen und wurden anfangs mit Misstrauen betrachtet.

Erstaunlicherweise sieht das kreisförmige Areal heute fast genau so aus wie vor 450 Jahren. Der Garten ist von einer Mauer und einem mäandernden Kanal umgeben. Das Innere ist in etwa hundert kleine Parzellen unterteilt, die schöne, dabei aber einfache geometrische Muster zeigen. Die runde Fläche wird von Wegen durchschnitten, die zu den Kardinalpunkten führen und sie in vier Quadrate und acht Dreiecke unterteilen. Dieses Schema hat sein Vorbild in mittelalterlichen Gärten: Der Kreis, die edelste aller Formen, galt im Mittelalter und noch in der Renaissance als göttlich; der zentrale Brunnen symbolisiert den Brunnen des Lebens; die vier Gevierte stehen für die vier damals bekannten Kontinente: Europa, Afrika, Asien und Amerika.

Gleich innerhalb der Gartenmauer stehen zwei riesige Magnolien (*Magnolia grandiflora*), die im 19. Jahrhundert gepflanzt wurden. Im Garten findet sich auch Europas ältester Magnolien-

Oben, links: Der im Jahre 1545 angelegte kreisförmige Garten, gesehen vom zweiten Obergeschoss des Universitätsgebäudes. Durchschnitten von zwei Wegen, ist der Garten mit dem kleinen Brunnen in der Mitte in vier große Gevierte unterteilt wie ein mittelalterlicher Klostergarten. Die Pflanzen sind entsprechend ihrem Herkunftsland und dem dortigen Klima gepflanzt.
Rechts: Ein Teich mit Seerosen

baum, um das Jahr 1700 hier gepflanzt. Wenn man den Wegen folgt, kommt man in jedem Fall rasch an eines der Eingangstore, die ihrerseits die vier Kardinalpunkte repräsentieren.

Ein Orientierungspunkt ist auch das hexagonale Gewächshaus, das eine der ältesten Pflanzen in diesem Garten beherbergt. Es ist eine Zwergpalme (*Chamaerops humilis var. arborescens*), 1585 gepflanzt, von dem Goethe bei seinem Besuch so fasziniert war, dass er in seinen Untersuchungen über die Morphologie der Pflanzen darüber schrieb. Bis in die 1980er-Jahre hinein war die älteste Pflanze im Orto Botanico ein Mönchspfeffer (*Vitex agnus-castus*) aus dem 16. Jahrhundert. Er war etwa 450 Jahre alt, als er an einer Pilzerkrankung einging.

Professor Elsa Cappelletti, Chefin des Gartens, führt mich herum. Sie hat das Interesse an der Botanik eindeutig von ihrem Vater Carlo Cappelletti geerbt, der dem Botanischen Institut von 1948 bis 1970 vorstand.

Der Garten ist als Lehrgarten angelegt. Es gibt einen Bereich für Insekten fangende Pflanzen: Zum Beispiel die Venusfliegenfalle (*Dionaea muscipula*), die Insekten fängt, indem sie ihre Blatthälften zusammenklappt; der Sonnentau, der einen klebrigen Schleim aus seinen zahlreichen Drüsen absondert und damit Insekten anlockt und festhält; und die Kannenpflanze, deren Blätter eine Art Gefäß bilden, in dem die Tiere sich fangen und dann von den Enzymen der Pflanze zersetzt werden. Es gibt ferner einen separaten Teil des Gartens für medizinische und ein weiteres Areal für giftige Pflanzen. Unterhalb des Palmenhauses teilen sich die Wasserpflanzen kleine Bassins, und ein im Schatten stehender Baum ist voll von etwas, das aussieht wie abgesägte und mit dem Kopf nach unten hängende Baumstämme – hier wachsen Orchideen in einer merkwürdigen, für sie allerdings natürlichen Weise.

Viele nach Padua importierte Pflanzen verbreiteten sich in den folgenden Jahrhunderten über ganz Europa. Wäre das nicht geschehen, dann würde uns heute vielleicht manches wirksame Medikament fehlen, wir hätten vielleicht keine Bratkartoffeln und könnten uns nicht am Duft frisch gebrühten Kaffees oder einer wunderbar wohlriechenden Rose erfreuen. Dank sei dem Orto Botanico! Vielleicht haben die sieben in Stein gemeißelten Regeln am Eingang dazu beigetragen, den Garten in gutem Zustand zu erhalten:

Bitte betreten Sie den Garten nicht vor dem 25. April.

Wenn Sie dennoch hereinkommen, bleiben Sie bitte auf den Wegen.

Bitte pflücken Sie keine Blumen.

Bitte treten Sie nicht auf niedrig wachsende Pflanzen.

Bitte beschädigen Sie keine Pflanzen.

Bitte tun Sie nichts gegen den Willen der Chefin.

QUI SECUS FAXIT AERE CARCERE EXSILIO MULTATOR.

Wer diese Regeln bricht, wird mit einer Geldstrafe belegt, verhaftet und verbannt!

Gegenüberliegende Seite
Links: Orchideen, die in einem schattigen Teil des Gartens von den Ästen eines Baumes herunterhängen: Ihre Überlebenschancen sind größer, wenn sie auf natürliche Weise wachsen dürfen.
Rechts oben: Die giftigste Pflanze im Garten ist der Wunderbaum (*Ricinus communis*) mit seinen trügerisch-attraktiven bronzefarbenen Blättern
Rechts Mitte: In kleinen Becken, die Beeten ähneln, gedeihen die Wasserpflanzen. Die riesige Seerose *Victoria cruciana* wächst in einem Bassin, das von einer unterirdischen Quelle mit einer konstanten Temperatur von 25 °C gespeist wird.
Rechts unten: Die Pflanzen kamen aus allen Teilen der Welt im Hafen von Venedig an, bevor sie ihren Weg in den Botanischen Garten von Padua fanden. Diese „heilige" Lotusblume, *Nelumbo nucifera*, stammt ursprünglich aus Indien.

Parco Sigurtà

Valeggio sul Mincio

Am Südende des Gardasees, unweit von Verona, liegt der riesige Landschaftsgarten Sigurtà. Das Haus und ein ummauerter Garten entstanden 1617 als Werk des Vincenzo Pellesina, eines Schülers von Andrea Palladio (*siehe Seite 152*). Die Villa war ursprünglich unter dem Namen Maffei bekannt und diente Napoleon III. im Jahre 1859 vorübergehend als Hauptquartier. Das große Unterfangen, einen trockenen Hang zum grünen Park umzugestalten, wurde im 20. Jahrhundert vom Besitzer Carlo Sigurtà begonnen und von seinem Enkel Enzo Sigurtà fortgeführt.

Heute ist der größte Teil des gut gehaltenen Gartens für Besucher geöffnet; nur ein kleiner Teil ist noch privat. Das ausgedehnte Areal trägt etwa 30 000 Pflanzen und Bäume, die von März bis November in Blüte stehen. Unter den vielen verschiedenen Gartenbereichen finden sich üppige grüne Rasenflächen, auf denen häufig viele Menschen picknicken. Man kann den Garten zu Fuß erwandern, man kann auch einen Golfkarren mieten, mit dem Fahrrad fahren oder sogar den Miniaturzug benutzen, der die sieben Kilometer lange und an Eindrücken reiche Route abfährt: Dabei passiert man eine Reihe von Gartenräumen mit surrealistisch beschnittenen Buchshecken, man sieht Teiche mit tropischen Fischen, einen Kräutergarten, einen Rosenpfad und offene grüne Rasenflächen mit Pinien und japanischen Ahornbäumen.

Oben: Die großen Rasenflächen des Parco Sigurtà sind bestens geeignet für Picknicks, Familienausflüge und Verabredungen mit Freunden. Die Statue stellt Enzo Sigurtà dar, den Schöpfer der Gartenanlage, wie sie sich heute präsentiert.
Unten: Exotische Ahornarten in schön kontrastierenden Farben

Villa Rizzardi

Negrar/Valpolicella

Im Jahre 1783 beauftragte Graf Antonio Rizzardi den Architekten Luigi Trezza mit dem Entwurf eines italienischen Gartens. Dem Auftraggeber schwebte eine Anlage mit intimen Gartenräumen vor, so wie sie Francesco Colonna (1433–1527) in seinem allegorischen Text vom *Liebestraum des Poliphilus* schildert. Der inmitten der Weinberge des Valpolicella gelegene Garten ist eine exquisite Schöpfung und besteht aus zahlreichen „Räumen", von denen das *teatro verde*, das „Grüne Theater", der berühmteste ist. Seine Sitzreihen sind von beschnittenen Buchshecken eingefasst, und in den Hainbuchenhecken, die es begrenzen, stehen Statuen von Schauspielern. Weitere Gartenräume sind der Limonengarten mit seinem schönen zentralen Brunnen, ein im Boskett verborgener „Speiseplatz im Freien" und ein im ansteigenden Gelände an der Rückseite des Hauses gelegener *giardino segreto*, der durch eine Brücke mit dem ersten Obergeschoss verbunden ist. Wohin man sich wendet, öffnen sich wunderbare Sichtbeziehungen; so führt beispielsweise eine Allee aus eleganten, präzise beschnittenen Zypressen vom Grünen Theater zum Haus. Im unmittelbar am Haus gelegenen formalen Teil des Gartens stehen moderne Bronzestatuen, die einen interessanten Gegensatz zu den Zierbäumchen und dem historischen Setting bilden. Sie sind das Werk des spanischen Bildhauers Miguel Berrocal, der die Villa als Wohnung und Werkstatt gemietet hat. Die Villa Rizzardi gilt als die letzte klassische italienische Gartenanlage, die noch geschaffen wurde, bevor andere Ideen, vor allem der englische Gartenstil, sich in Europa durchsetzten.

Oben: Allee aus Hainbuchen (*Ostrya carpinifolia*) im Park der Villa Rizzardi.
Unten: Das zinnengeschmückte Haus mit dem formalen Garten im italienischen Stil.

EINE VILLA ALS ORT DER ARBEIT UND DER MUSSE
ENTWORFEN VON ANDREA PALLADIO, 1550ER JAHRE

Villa Barbaro

Maser

Mit dem zentralen Wohnteil und den beiden Flügelbauten, in denen das Erntegut und die landwirtschaftlichen Geräte ihren Platz fanden, repräsentiert die Villa Barbaro das Beste zweier Welten – der Welt des vornehmen Herrn und der des Bauern. Die Räume sind mit Fresken des Malers Paolo Veronese aus dem 16. Jahrhundert geschmückt, die das Landleben seiner Zeit darstellen.

Andrea Palladio (1508–80) zählt zu den bedeutendsten Architekten Italiens. Sein Verständnis der Proportionen und seine Sicht der Zusammenhänge zwischen Gebäude, Garten und bestelltem Land haben ihre Gültigkeit behalten und beeinflussen noch immer sowohl Architektur als auch Gartendesign. Das Gleiche lässt sich zudem von seinen Überlegungen zur Wassernutzung sagen, wie sie in der Villa Barbaro umgesetzt sind.

Nahezu alle von Palladio geschaffenen Landgüter liegen an erhöhter Stelle in der hügeligen Landschaft des Veneto im Nordosten Italiens. Ausgehend von den Bauten der Antike plante Palladio seine Villen – also Gebäude, Garten und das umgebende Nutzland – als integrierte Einheiten, die Raum für alle mit Arbeit und Muße verbundenen Aktivitäten boten. Immer sah er ein Areal für einen schönen Garten unmittelbar am Haus vor, das er mit einer einfachen Fassade ausstattete, innen aber reich dekorierte. In den mit Arkaden versehenen Seitenflügeln war genügend Platz für Tiere und landwirtschaftliches Gerät. Palladianische Villen sind vielfach funktionierende landwirtschaftliche Betriebe, aber mit großzügig bemessenem Raum für erholsame und erfreuliche Aktivitäten.

Palladios Stärken lagen nicht allein in seinem Sinn für Proportionen und seiner Auffassung von architektonischer Harmonie, sondern auch in seinem praktisch-technischen Wissen und Können. Gerade diese Begabung setzte er sehr überlegt ein, um den denkbar wirksamsten Gebrauch von den vorhandenen Ressourcen zu machen. Seine Vorstellungen hat er in dem 1570 erschienenen Lehrwerk *I Quattro Libri dell´Architettura* (*Die Vier Bücher zur Architektur*) niedergelegt. Zur Verwendung des Wassers in der Villa Barbaro heißt es dort zum Beispiel: „Das Wasser kommt von einem Brunnen an der Rückseite des Hauses; es bildet einen kleinen Teich, der als Fischbecken genutzt wird, und fließt von dort in die Küche. Dann berieselt es die Gärten zu beiden Seiten der Straße, die zum Haus hin langsam ansteigt, bildet schließlich in der Nähe der öffentlichen Straße zwei Teiche mit zwei Tränken und bewässert anschließend den Park, der sehr groß und voll von prächtigen Obstbäumen und diversen Wildtieren ist." Das ist bestes Recycling!

Palladio war auch an der ersten italienischen Übersetzung (1556) von Vitruvs Traktat *De Architectura* aus dem 1. Jahrhundert v. Chr. beteiligt, der bedeutendsten schriftlichen Quelle zur antiken römischen Architektur. Er steuerte die Zeichnungen bei, während Übersetzung und

Kommentar von Daniele Barbaro verfasst wurden, dem Besitzer der Villa Barbaro. Daniele Barbaro war eine der geistigen Leitfiguren der Renaissance. Ebenso wie die Medici und die Familie Trissino lebte er die Freude am Landleben vor aller Augen vor. Er war auch einer der Schöpfer des Botanischen Gartens in Padua (*siehe Seite 146*).

Im Gegensatz zu anderen Villen aus der gleichen Zeit erscheinen Palladios Gebäude und Gärten ebenso wie die dahinterstehenden Vorstellungen sehr modern. Es fällt zum Beispiel schwer zu glauben, dass Pirro Ligorios Villa d'Este unweit von Rom etwa zur gleichen Zeit entstanden ist wie Palladios Villa Barbaro in Maser. Während die Villa d'Este sich inmitten des Städtchens Tivoli erhebt und durch eine Mauer von der offenen Landschaft der Felder und Olivenwäldchen getrennt ist, geht Palladios Villa Barbaro in die Landschaft über – die Grenze zwischen dem Anwesen und den umgebenden Feldern ist nicht markiert.

Das Einzige, was sich von Palladios großartiger Gartenanlage bis heute erhalten hat, ist der *giardino segreto* hinter dem Haus. Georgina Masson beschreibt ihn in ihrem Buch *Italian Gardens (Italienische Gärten)* wie folgt: „Auf kleinem Raum – ganz eingeschlossen von Haus und Hang – strahlt er eine Großartigkeit aus, wie sie von anderen Gärten dieser Gegend nicht erreicht, ja nicht einmal angestrebt wird. Letzten Endes kommt diese Wirkung durch den halbrunden Brunnen mit seinen 'unendlichen' *stucchi* zustande, ein Reichtum, der sein Gegengewicht im dunklen Grün des bewaldeten Hügels und im klaren Wasser des davor liegenden Teiches findet."

Die zwanzig Palladio-Villen, die heute noch vorhanden sind, inspirieren die Architekten in aller Welt noch immer: Palladios Stil ist in Tausenden von Gebäuden nachgeahmt worden, vor allem in England und in den USA. Eines der berühmtesten Beispiele ist die Villa Monticello im amerikanischen Bundesstaat Virginia, einst der Wohnsitz des Präsidenten Thomas Jefferson.

EINE MODERNE SCHÖPFUNG VOR HISTORISCHEM HINTERGRUND
ENTWORFEN VON CARLO SCARPA, 1949

Oben: Eine Betonmauer, in die gold- und silber-farbene Fliesen eingelegt sind. In das Bronze-bassin darunter sind die Blütenblätter eines Kirschbaums gefallen.

Gegenüberliegende Seite: Ein Wasserkanal aus Terrazzo. Die exquisiten Details wurden nach dem Entwurf des Architekten Carlo Scarpa in Bronze ausgeführt.

Palazzo Querini Stampalia

Venedig

Hinter den schönen Fassaden Venedigs verbergen sich nur selten blühende Höfe oder Gärten, die allgemein zugänglich sind. Eine Ausnahme bildet insoweit das Museum der Fondazione Querini Stampalia. Es befindet sich an der gleichen Piazza wie Santa Maria Formosa, eine der ältesten Kirchen der Stadt, in einem Renaissancepalast mit einem modernen Brückenbogen, der den Kanal überspannt und in das Gebäude führt. Erdgeschoss und Innenhof sind in ihrem heutigen Erscheinungsbild das Werk von Carlo Scarpa, einem der talentiertesten und poetisch-sten italienischen Architekten des 20. Jahrhunderts: Er war 1949 vom damaligen Kurator des Museums, Manlio Dazzi, mit der Sanierung von Hof und Garten beauftragt worden und gestal-tete zehn Jahre später auch das Erdgeschoss neu.

Man braucht nicht mehr als ein paar Minuten, um in dem sehr kleinen, reizvollen Garten herumzugehen. Eine lange Mauer ist ganz mit Efeu bedeckt. Ihr gegenüber verläuft ein in Ter-razzo gefasster Wasserkanal. Ein näherer Blick auf Details wie den Überlauf aus Bronze und das schöne Rundbecken darunter lässt Scarpas große Sorgfalt bei der Restaurierung erkennen. Zur Gestaltung des Gartens wurden einfache Materialien – Beton, Terrazzo und Mosaik – einge-setzt, daneben sieht man aber auch Bronze und das eine oder andere antike Versatzstück aus Marmor. Am anderen Ende des Terrazzo-Kanals sehe ich einen weißen Vogel in einem Vogelbad. Sein Badebecken ist ein Kunstwerk, ein Labyrinth aus Alabaster und istrischem Marmor.

Ein früh blühender Kirschbaum auf dem Rasen steht soeben in Blüte; seine rosafarbenen Blütenblätter sind in ein rechteckiges Bronzebecken gefallen. Im Garten wachsen auch Magno-lien, Granatapfelbäume und verschiedene Kletterpflanzen. Wenn die venezianischen Kanäle überlaufen, was sie gelegentlich tun, sorgt ein raffiniertes System der Wasserführung inner-halb und außerhalb des Hauses dafür, dass der Garten nicht überschwemmt wird. Carlo Scarpa hat eindeutig bewiesen, dass man einen modernen Garten mit einem Renaissancepalast ver-binden kann, sofern man größte Sorgfalt walten lässt.

Ligurien

Villa Hanbury

La Mortola

Es war das Jahr 1867, und der 35 jährige englische Geschäftsmann Thomas Hanbury erholte sich an der Côte d'Azur. Bei einem Bootsausflug in der Bucht von Ventimiglia, nahe der französischen Grenze, fiel sein Blick auf eine schöne, nach Süden orientierte Landspitze, einen von Olivenhainen, Weingärten und Zypressen bedeckten Hang über dem glitzernden ligurischen Meer.

Es war genau das Stück Erde, wonach er gesucht hatte. Thomas Hanbury plante, einen Versuchsgarten anzulegen, wie er in dieser Art im Klima seiner Heimat nicht möglich war. In diesem Garten wollte er die Pflanzen der Welt versammeln und sich das ganze Jahr über an ihrer Blüte erfreuen. Sein Gewerbe, der Handel mit Tee und Seidenstoffen aus Schanghai, hatte ihn sehr reich gemacht und ihm viele überseeische Kontakte eröffnet. Gemeinsam mit seinem Bruder Daniel, einem Botaniker und Pharmakologen, begann er Pflanzensamen aus aller Welt zu importieren. Im Jahre 1889 veröffentlichte er unter dem Titel *Hortus mortolensis* einen ersten Katalog der Pflanzen, die er in seinem Garten kultiviert hatte.

Neben dem Eingang am oberen Ende der Anlage findet sich ein in Stein gemeißeltes chinesisches Symbol; es bedeutet soviel wie „Glück" und war das Geschenk eines chinesischen Freundes. Für Sir Thomas war die Errichtung der Villa Hanbury die Erfüllung eines Traums. Die Landspitze sollte Heimat einer der weltgrößten Sammlungen seltener exotischer Pflanzen werden. Hanbury erwarb sich große Achtung in der ganzen Gegend, da er vielen Menschen Arbeit gab und darüber hinaus weitere segensreiche Initiativen auf den Weg brachte, zum Beispiel Schulen finanzierte. Als er 1907 starb, nahm ein Trauerzug von 6000 Menschen an seinem Begräbnis teil.

Nach Thomas Hanburys Tod kümmerte sich Lady Dorothy, die Frau seines Sohnes Cecil, um den Garten. Sie ließ Fußwege bauen, richtete Aussichtspunkte ein und installierte Brunnen inmitten der Bepflanzung. Unmittelbar am Haus legten Cecil und Dorothy Hanbury zudem die

Seiten 156–157: Der steile Hang an der ligurischen Küste unweit der französischen Grenze trägt die exotischen Gärten der Villa Hanbury.

Oben: In der Loggia der Villa steht eine Büste Thomas Hanburys. Durch die Arkaden geht der Blick auf die Küste bei Ventimiglia

Blühende Agaven im Vordergrund. Die Villa Hanbury vereint in sich einen botanischen Garten mit Pflanzen aus allen Teilen der Welt.

so genannten *Giardinetti* an, einen kleinen Garten im klassischen italienischen Stil. Sie führten neue Arten ein und begannen einen lebhaften Austausch von Pflanzen mit den Royal Botanic Gardens im Londoner Stadtteil Kew.

Vom Eingang führen die beiden Zweige des Fußwegs in Mäandern den Hügel hinunter. Die dürreresistenten Pflanzen finden sich in den oberen Teilen des Gartens: Kakteen (die im April in leuchtenden Farben blühen) und Sukkulenten stehen in dekorativen Gruppen beisammen, und die Aloebäumchen mit ihren langen und starken silbergrauen Blättern bilden einen ansprechenden Vordergrund für die Sicht in den darunter liegenden Garten. Der kleine Tempel der Vier Jahreszeiten mit seiner ornamentalen Eisenkuppel steht auf halber Höhe des zum Haus hin abfallenden Geländes. Nahebei streckt eine Agave die imposanten Schäfte ihrer gelben Blüten in die Höhe, die an die Große Klette erinnern, aber mit nach oben gerichteten Blütenähren. Ihre Silhouetten sind ein Knaller vor dem blauen Himmel. Die Yuccapalmen, die ich bisher nur als grüne Zimmerpflanzen kannte, prahlen mit aufrecht stehenden weißen Blüten, jede eine anmutige, anemonenartige Glocke.

Hanburys Pflanzen sind in einer Reihe von Quellen erwähnt. Für die Zeitschrift *Gardener's Chronicle* verfasste Sir Thomas jedes Jahr im Januar eine Kolumne, in der er über die soeben blühenden Pflanzen berichtete. Im Januar 1882 standen 233 Pflanzen in Blüte.

Hinter dem Drachenbrunnen – ein wütender Drache balanciert auf dem Rand eines Beckens – wird eine Wand aus Papyrusstauden mit ihren Büscheln feiner Ästchen sichtbar. Doch auch die traditionelle Mittelmeerflora hat ihren Platz in diesem Garten, zum Beispiel weiße und purpurfarbene Wisterien und die Akazienbäume, die zeitig im Jahr einen wundervollen Duft verströmen. Engelstrompeten, Orangenbäume, Spireen in langen Rabatten und Judasbäume (*Cercis siliquastrum*) säumen die Wege. Wenn man schließlich das Haus erreicht, hat man noch immer erst die eine Hälfte des Gartens gesehen. Geht man weiter hangabwärts, dann erlebt man eine andere Seite der Villa Hanbury: Gleich am Haus breitet sich ein italienischer Garten mit streng formalen Hecken und blühenden Päonien aus. Es gibt hier auch Wiesen, die im Frühjahr voller Blumen stehen. An den knotigen Stämmen der den Weg säumenden Olivenbäume steigt der Efeu hoch – und dann ist auch schon das einfache, aber lang ersehnte Café erreicht. Leider kann man das Meer von hier aus nicht sehen, es ist hinter dem Haus und einer Mauer verborgen.

Im Jahre 1960 verkaufte Lady Dorothy den Garten an den italienischen Staat. Seit 1998 ist die Universität Genua als Besitzer für den Betrieb der Villa Hanbury verantwortlich. Die Restaurierung des Gartens nach dem ursprünglichen Plan von Thomas Hanbury war ein langwieriges und teures Unternehmen. Der Samenaustausch mit anderen botanischen Gärten geht weiter; um der Hybridisierung vorzubeugen, ist es wichtig, die Samen von ihrem ursprünglichen Habitat zu beziehen, und die Verwaltung führt eine Liste von 600 Gärten, mit denen die Villa Hanbury in Kontakt steht. Auch für den ständigen Wissenstransfer ist durch ein Stipendienprogramm gesorgt: Gartenbaustudenten haben die Möglichkeit, in der Villa Hanbury zu wohnen, während sie an ihrem Forschungsprojekt arbeiten.

Parco Durazzo Pallavicini

Pegli

Ursprünglich bekannt als Villa Grimaldi, wurde der Parco Durazzo Pallavicini 1840 von dem Genueser Architekten und Bühnenbildner Michele Canzio geschaffen. Der romantische Landschaftspark ist eine Kombination aus einem botanischen Garten des 18. Jahrhunderts und einem *Palazzo*-Garten. Er beherbergt zudem ein archäologisches Museum.

Ein Gang durch den Garten ist wegen der Vielfalt der Szenen und der Bepflanzung ein einmaliges Erlebnis. Nach Canzios Vorstellung sollte, wer den Garten besuchte, sich als Held bzw. Heldin eines Märchens fühlen und sich durch das Gelände bewegen, als handelte es sich um ein Bühnendrama mit Prolog und drei Akten.

Beim Gang durch den Garten soll man über den Sinn des Lebens nachdenken, wie er in der ständig wechselnden Umgebung zum Ausdruck kommt. Wer den klassischen Boulevard mit dem eleganten Brunnen in der Mitte verlässt, findet sich plötzlich in einer Alpenlandschaft wieder. Nur wenige Schritte weiter tut sich eine Oase mediterraner Pflanzen auf, und dann folgt eine Kamelienallee. Im Park verstreut liegen kleine Gebäude, jedes mit seiner eigenen Identität: ein Kaffeehauspavillon, ein als Haus des Eremiten bekannter Rückzugsort und eine Schweizer Berghütte. Aus der Düsternis der künstlichen Grotten tritt man in die helle Umgebung eines großen Sees, der für die spirituelle Erfüllung steht. Aus dem See erhebt sich ein Diana-Tempel; es gibt ferner eine römische Brücke, einen türkischen Kiosk, eine chinesische Pagode und einen ägyptischen Obelisken. Am Ende erreicht man ein irdisches Paradies in Form eines Gartens der Flora. Alles in diesem Park hat seine Bedeutung – auch wenn die symbolischen Codes heute unter Umständen schwer zu entschlüsseln sind.

Links, oben: Der Diana-Tempel in einem See, der für das spirituelle Paradies steht.
Mitte: Die Schatten weichen, sobald man aus dem Bereich der Höhlen in das Licht des Sees tritt.
Unten: Viele verschiedene Palmenarten wachsen im botanischen Garten des Parco Durazzo.

Oben: Die untere Terrasse des auf zwei Ebenen angelegten Gartens ist mit geometrisch geführten Buchshecken (*Buxus sempervirens*) und mit Zierbäumchen zu Seiten des Hauptweges schön und fantasievoll gestaltet.

Die Abtei La Cervara

Santa Margherita Ligure

Mönche und Nonnen scheinen ein besonderes Talent dafür zu haben, die wunderbarsten Standorte für ihre Klöster zu finden. Eine der besonders schön gelegenen Abteien in Italien ist die hoch auf einer Felszunge thronende Abtei San Girolamo della Cervara. Sie wurde 1361 für Benediktinermönche erbaut, aber erst 1868 schuf der Marquis Durazzo auf einer Terrasse mit Blick auf das ligurische Meer den Hauptgarten, so wie wir ihn noch heute sehen.

Der Garten im Stil der Renaissance erstreckt sich auf ebenem Gelände und trägt ein Parterre aus geometrisch geführten Buchshecken sowie fantasievoll gestaltete Buchskegel, die oben in dekorativen „Bändern" enden. Im Zentrum befindet sich ein Brunnen mit der steinernen Figur eines Cherubs. Eine Loggia flankiert den Rand der Terrasse und leitet über in einen Hof, der von 500-jährigen blau blühenden Glyzinen mit staunenswerten Stämmen und Ästen bestanden ist.

Unterhalb der Portofino-Terrasse, am anderen Ende des Gartens, befand sich vor langer Zeit ein Verlies. Hier hielt man den französischen König Franz I. eine Weile gefangen, nachdem er in der Schlacht von Pavia Karl V. unterlegen war. Der Gefängnisaufenthalt war vermutlich keine angenehme Erfahrung, aber zumindest hatte er aus dem Fenster seiner Zelle eine schöne Aussicht auf das Meer und auf die im Süden sichtbare Küste von Portofino.

Lombardei & Piemont

Ein märchenhafter Ausblick von einer Landzunge
Ursprüngliche Anlage geschaffen von Angelo Maria Durini, 1790
Umgestaltung von Emilio Trabella für Graf Guido Monzino, 1970er-Jahre

Villa Balbianello

Lenno

Es ist noch früh am Morgen, als ich erwartungsfroh die Balkontür meines Hotelzimmers öffne, um über das dunkelblaue Wasser des Comer Sees hinauszublicken. Aber mein Blick bleibt an der Balkonbrüstung hängen – dahinter liegt dicker stahlgrauer Nebel. Ich atme tief die frische ozonreiche Luft ein, bevor ich hinunter zur Anlegestelle gehe, um auf das Taxiboot zu warten.

Wir legen um sieben Uhr ab, als die Umrisse der Küste gerade sichtbar werden. Die Fahrt ist erfrischend, und der Nebel wird allmählich zu einem milchigweißen Dunstschleier. In der Ferne sehe ich zunehmend deutlicher das Vorgebirge Dosso di Lavedo mit der Kirche erscheinen. Bald werden wir eintreffen – im meiner Meinung nach am schönsten gelegenen Garten des ganzen nördlichen Italien. In der Nähe der beiden Kirchenhelme zeichnen Platanenbäume komplizierte Muster in die Luft. Endlich erreichen wir die Anlegestelle; sie ist von vier venezianischen, rot und weiß gestreiften Pfosten flankiert.

Die Villa Balbianello hat keinen farbenprächtigen Blumengarten; die Bepflanzung wurde mit Bedacht nach ihren Grünschattierungen ausgewählt. Besonders augenfällig sind die Platanen, der präzise Schnitt und natürlich die Umgebung – sie macht diesen Ort zu einem so unvergesslichen Erlebnis. Der Garten liegt hoch oben auf dem Vorgebirge und endet auf drei Seiten an Steilhängen. Der Ausblick ist atemberaubend. Im Süden liegt die Insel Comacina im Sonnenlicht; im Norden erstreckt sich der See vor dem Hintergrund schneebedeckter Berge.

Von der kleinen Anlegestelle aus führt der Weg durch eine Platanenallee in eleganten Kurven hügelaufwärts. Im Sommer bieten die Bäume Schutz vor der brennenden Sonne; der Aussichtsplatz vor der Kirche bleibt kühl, und die Allee wird zu einem schattigen Spazierweg, von dem aus man eine wundervolle Aussicht genießt.

Alle Pflanzen und Bäume sind mit größter Sorgfalt gestutzt. „Der Garten muss das ganze Jahr über kontinuierlich gepflegt werden. Seine Schönheit liegt im Zusammenspiel der Ausblicke und Perspektiven, und das würde verloren gehen, wenn die Pflanzen nicht ständig

Seiten 164–165: Im Norden Italiens trifft das tiefblaue Wasser des Comer Sees auf den Himmel und die schneebedeckten Alpen. In der Ferne ist eben noch die Villa Balbianello auf ihrer Landzunge zu erkennen.

Gegenüberliegende Seite: Das massive Flechtwerk der Platanen (*Platanus acerifolia*) bildet einen Rahmen für den blauen Himmel. Im April sind die Äste noch kahl, aber bald werden sich die üppigen Blätterkronen öffnen, die während der heißen Sommermonate Schatten spenden.

Gegenüber im Uhrzeigersinn von links oben: Ein Blick vom Boot auf die Villa Balbianello auf der Landzunge Dosso di Lavedo mit dem Dorf Lenno im Hintergrund; Blick von der nördlichen Terrasse, die von einer eleganten Balustrade eingefasst wird; eine Steineiche, deren strenger Schnitt sicher stellt, dass der Blick auf das Haus nicht verstellt wird; Platanen mit einer Art „Fußwärmer" aus Efeu.

geschnitten würden", erklärt Landschaftsarchitekt Emilio Trabella, der in den siebziger Jahren für den Eigentümer Guido Monzino zu arbeiten begann. Wenn man die streng gestutzten Formen sieht, muss man sich manchmal ins Gedächtnis rufen, dass der Efeu, der Schneeball, die Lorbeer- und Jasminbüsche und der Spindelstrauch dieses Gartens tatsächlich lebende Pflanzen sind.

Auf dem Weg den steilen Pfad entlang stelle ich fest, dass der Efeu auf ungewöhnliche und einfallsreiche Art um die Platanenstämme gelegt wurde. Auf der linken Seite des Pfades hat ein geschickter Gärtner Efeugirlanden über eine niedrige Steinmauer drapiert. Gegenüber schlingen sich gerade erblühte Glyzinenranken um ein eisernes Geländer. Der Gärtner hat sich offenbar dazu entschlossen, die Gänseblümchen im Rasen oberhalb der Mauer zu dulden – ein hübsches Detail in diesem ansonsten so perfekten Garten.

Und was wäre ein italienischer Garten ohne Zypressen? Die Zypressen der Villa Balbianello sind makellos geformt, wie Speere oder lebende Obelisken. Es gibt auch Tannen und Kiefern und mediterrane Bäume wie Kampferbaum, Agave und Steineiche. In der Nähe des bewaldeten Teils des Vorgebirges stoße ich hinter einer Gruppe üppig blühender Azaleen auf das Häuschen des Parkwächters. Die Blüten beleben den Garten; ihr Rot liefert einen leuchtenden Kontrast zu den immergrünen Pflanzen.

Franziskanermönche waren die Ersten, die im dreizehnten Jahrhundert die Seele dieses Ortes entdeckten. Die Landzunge ist von Wasser, Bergen und Himmel umgeben; sie muss sich für ein einfaches Leben der Spiritualität und Reflexion angeboten haben. Nachdem das Anwesen innerhalb der Geistlichkeit mehrmals den Besitzer gewechselt hatte, kaufte Kardinal Angelo Maria Durini es im Jahre 1787. Er schuf das Erscheinungsbild der heutigen Villa Balbianello. Das Oratorium, das Kloster selbst und zwei Glockentürme standen bereits; er fügte ein Casino auf der Hügelkuppe und als Verbindungsstück eine elegante Loggia mit drei Arkaden hinzu. Mittlerweile klettert der Spindelstrauch über die Loggia und bildet anmutige Girlanden.

Das Gelände rings um die Villa eignet sich nicht für einen formalen Garten – es wäre sehr schwierig gewesen, auf den Abhängen ein Knotenparterre aus Buchsbaumhecken anzulegen. Aber einige Elemente des formalen Stils finden sich auch hier. Zwischen den Platanen stehen Statuen mythologischer Figuren, die über den See hinausblicken, unter ihnen die Göttin Flora mit einem Blumenkorb und ein mit Trauben bekleideter Bacchus. Antike Stücke finden sich im Garten ebenso wie Kunstwerke, die erst in den siebziger Jahren gekauft wurden.

Von 1919 bis 1974 war die Villa im Besitz des amerikanischen Generals Butler Ames, seiner Frau Fifi und seiner Erben. Fifi liebte Fuchsien und war als die Signora della Fucsia bekannt.

Emilio Trabella erzählt mir, dass die Familie einen üppig blühenden Garten hinterließ. „Damals hat der Garten ganz anders ausgesehen, und es gab kein einheitliches Konzept, wahrscheinlich aufgrund einer Gepflogenheit des Hausherrn. Er bat seine Gäste immer, vor der Abreise eine Pflanze irgendeiner Art zu kaufen; sie wurde dann im Garten gepflanzt und mit einem Schild versehen, auf dem der Name des Besuchers und das Datum des Besuchs standen."

Im Jahr 1974 kaufte Graf Guido Monzino die Villa. Nach einem bewegten Leben als Geschäftsmann und Abenteurer (er unternahm 1971 eine Expedition zum Nordpol und 1973 eine zum Mount Everest) war Guido Monzelli auf der Suche nach einer neuen Herausforderung. Zusammen mit dem Landschaftsarchitekten Emilio Trabella gestaltete er den Garten mit ebenso viel Enthusiasmus wie Geschick neu. Beim Gesamtentwurf blieben sie der Anlage des Kardinal Durini aus dem achtzehnten Jahrhundert treu, veränderten aber Details, um einen moderneren Eindruck zu erzielen. So wurden zum Beispiel immergrüne Bäume wie Buchsbaum und Lorbeer in eleganten, innovativen Formen beschnitten, um den Garten kultivierter und einfacher zu gestalten.

Emilio Trabella erklärt sein Prinzip der Vereinfachung: „Einfachheit ist das Schlüsselwort, wenn man unsere Arbeit verstehen will – eine Einfachheit, die an die ursprüngliche Funktion der Villa als ein Krankenhaus erinnert und an die Tatsache, dass das Haus selbst nach seiner Umwidmung zum Adelssitz nie luxuriös sein sollte. Das Anwesen hat die Einfachheit eines englischen Gartens, wobei der Rasen durch die Wasserfläche ersetzt wird, die das Vorgebirge auf drei Seiten umgibt."

Eins von Guido Monzinos Vorhaben war es, sich von seinem Arbeitszimmer aus einen unverstellten Ausblick nach Norden zu verschaffen. Also beschloss er, die riesige Steineiche auf der nördlichen Terrasse so zu beschneiden, dass nur die äußerste Blätterschicht verblieb. Emilio Trabella zufolge wird das Stutzen der Krone immer noch mit großer Sorgfalt betrieben, damit der Baum nicht ruiniert wird: die Gärtner klettern in die Krone hinauf und schneiden von dort aus alles fort, das über Gürtelhöhe hinausragt.

Glücklicherweise vermachte Graf Monzino die Villa im Jahr 1988 dem Fondo Per L'Ambiente Italiano (Italienische Umweltstiftung). Der FAI betreut das Anwesen und hält es für die Öffentlichkeit zugänglich. Guido Monzino ist in seinem Garten begraben, an einer wunderschönen Stelle an dem Pfad zur nördlichen Terrasse hinunter.

Ich beginne diesen Ort zu vermissen, kaum dass ich ihn verlassen habe. Wann werde ich zurückkommen und die wundervolle Atmosphäre dieses Gartens von neuem genießen können? Bald, hoffe ich.

RIESENRHODODENDREN UND AZALEEN
GESCHAFFEN FÜR GIORGIO CLERICI, 1745
LANDSCHAFTSGARTEN GESCHAFFEN FÜR GIOVANNI BATTISTA SOMMARIVA
UND FÜR CHARLOTTE UND GEORG VON SACHSEN-MEININGEN, 19. JH.

Villa Carlotta

Cadenabbia

Eine pittoreske, aber gefährlich schmale Straße schlängelt sich den schmalen Landstreifen zwischen dem Comer See und den Bergen entlang. Dies ist die Via Regina; sie wurde von den Römern im zweiten vorchristlichen Jahrhundert als Truppenstraße ins restliche Europa gebaut. An dieser Straße liegt die Villa Carlotta, die Interessanteste und Berühmteste unter all den prachtvollen Villen am Ufer des Sees. Der Garten ist eine Kombination aus barocker Architektur, romantischen Blumen und dem englischen Landschaftsstil.

Der Eingang der Villa Carlotta liegt eine kurze Strecke von der kleinen Bootsanlegestelle in Cadenabbia nördlich von Tremezzo entfernt. Das fein verzierte Eisentor ist mit einem großen C geschmückt und ruft so die Familie Clerici in Erinnerung, die die Villa im siebzehnten und achtzehnten Jahrhundert erbaute. Der Entwurf im Stil des lombardischen Hochbarock stammt von einem Architekten, dessen Name nicht überliefert ist.

Familienoberhaupt war Marquis Giorgio Clerici, ein Mailänder Bankier und Präsident des lombardischen Senats. Er verwandelte das abfallende Seeufer in eine Reihe von Terrassen, den Prinzipien der formalen Gartengestaltung entsprechend, deren wichtigste Charakteristika Geometrie und Regelmäßigkeit sind. Der Garten der Villa Carlotta ist entlang einer Hauptachse angelegt, die Treppen, Brüstungen und Terrassen in zwei symmetrische Hälften teilt. Hinter dem Tor steigt der Garten über eine Reihe von Doppeltreppen steil an bis zum Eingang des Hauses; die imaginäre Teilungslinie endet hier jedoch nicht, sondern führt im Inneren durch das Atrium und wieder ins Freie durch den hinteren Hof. Ich stehe im untersten Teil des Gartens, sehe zum Haus hinauf und versuche einen Blick für das harmonische Ebenmaß der Anlage zu bekommen – und ja, es ist da. Aber der Eindruck ist nicht nur angenehm: ich komme mir winzig vor angesichts der riesigen Dimensionen und langen Perspektiven, die in dem Entwurf zur

Die Folge von fünf Terrassen vom Haus aus gesehen. Der unterste Springbrunnen mit seiner Skulptur Arions, der von einem Delphin gerettet wird, ist von beschnittenen Hecken aus Lorbeer (*Laurus nobilis*), Kirschlorbeer (*Prunus laurocerasus*) und Kamelien (*Camellia japonica*) umgeben.

Anwendung kamen. Das Gebäude zeugt von Macht und Einfluss – und natürlich ist dies genau der Eindruck, den es auf den Besucher machen soll.

Der Duft der Orangen- und Zitronenblüten ist beinahe überwältigend. Auf beiden Seiten der Treppe klettern Zitrusbäume an Pergolen hinauf; sie waren fast das Einzige, das in den ersten hundert Jahren der Geschichte dieses Gartens hier gepflanzt wurde. Linker Hand sehe ich schöne, aber vielleicht etwas zu streng beschnittene Kamelienhecken. Flecken von Sonnenlicht tanzen über die herabgefallenen hellrosa Blütenblätter und verwandeln sie in ein Kunstwerk. Weiter links liegt der älteste Teil des Parks; dort stößt man auch auf eine ungewöhnliche Konstruktion aus Brunnen und Grotten.

Ende des achtzehnten Jahrhunderts übernahm der Mailänder Giovanni Battista Sommariva das Anwesen und begann es auszubauen. Sein Nachbar in Bellagio auf der anderen Seite des Sees, Kanzler Francesco Melzi, war zu dieser Zeit ebenfalls damit beschäftigt, sein Haus und seinen Garten aufzuwerten (siehe Seite 176). Beide Männer waren sehr reich, und es entwickelte sich ein Wettstreit um das prachtvollere Anwesen.

1843 erwarb Marianne von Preußen das Haus und schenkte es später ihrer Tochter Charlotte zur Hochzeit; zu diesem Zeitpunkt erhielt es den Namen Villa Carlotta. Charlotte und ihr Ehemann, Prinz Georg von Sachsen-Meiningen, wandelten den formalen italienischen Stil ab – sie schufen einen malerischen Garten mit Lichtungen, geschlängelten Pfaden und Aussichtspunkten, der sich besser in die umliegende Landschaft einzufügen schien. Seltene und exotische Pflanzen wurden aus der ganzen Welt importiert, darunter auch neue Exemplare für die Sammlung von Azaleen und Rhododendren, die Sommariva bereits angelegt hatte.

Heute wachsen hier mehr als hundert verschiedene Azaleen und Rhododendren, alle sorgfältig beschnitten. Sie wurden im neunzehnten Jahrhundert aus Asien eingeführt, als es in Europa gerade modisch war, sich für diesen Kontinent zu interessieren. Die Blüten sind grellrosa, violett, lila und weiß, und die leuchtenden Farben bilden ein Muster, das an einen Orientteppich erinnert. Ein Liebespaar schlendert Hand in Hand an den Azaleen vorbei, und mit einem Mal wird mir klar, wie ungeheuer groß diese Büsche sind – manche bringen es auf eine Höhe von fast zehn Metern.

Der Garten ist ein botanisches Paradies. Die Blütezeit der Azaleen und Rhododendren erreicht in der letzten Aprilwoche ihren Höhepunkt; wenn sie im Juni zu Ende geht, gibt es auf dem fast sieben Hektar großen Grundstück immer noch über 600 verschiedene Pflanzen und Bäume zu entdecken. Dem Pflanzenverzeichnis zufolge stehen hier 90 Kameliensorten, 22 Bambussorten und 38 Sorten von Rosen. Hinter dem Steingarten klettert eine chinesische Glyzine (*Wisteria*

Gegenüber im Uhrzeigersinn von oben links: Villa Carlotta vom See aus gesehen; einige der Azaleen jeder denkbaren Form und Farbe, die den Garten beherrschen; bescheidene Vergissmeinnicht und rote Tulpen auf einer der Terrassen, im Hintergrund links die Sommariva-Kapelle; einer der von hohen Azaleenbüschen gesäumten Pfade, die den Besucher durch den Garten führen.

Die Villa Carlotta ist nicht nur für ihre Azaleen, sondern auch für ihre Kamelien bekannt. Ein von blühenden Kamelien gesäumter Pfad führt durch den bewaldeten Teil des Gartens.

sinensis) unverdrossen in die Krone einer Schwarzkiefer (*Pinus nigra*) hinauf. Weiter links breitet eine riesige blaue Atlaszeder (*Cedrus atlantica* 'Glauca') ihre silbergrünen Äste aus.

Ich lasse eine Sammlung von Sukkulenten, Kakteen und Palmen hinter mir, überquere eine Brücke über einen Bergbach und finde mich in einem ganz anderen Klima wieder. Ein Tulpenbaum (*Liriodendron tulipifera*) mit makellos geformten Blättern bildet ein Dach aus Zweigen über meinem Kopf; die üppig gelbgrünen Blüten scheinen die dunkle Spalte zu erhellen. Der Bach ist von unterschiedlichen Baumfarnen gesäumt, darunter *Alsophila australis*, auch als *Cyathea* bekannt, und *Dicksonia antarctica*. Die Luft ist feucht, und das üppig wuchernde Grün lässt diesen Ort ungezähmt wirken wie einen unerforschten Wald. Die Wirklichkeit sieht anders aus – manche dieser Pflanzen sind so empfindlich, dass sie während der kalten Wintermonate in Gewächshäusern untergebracht und erst im Frühjahr wieder ins Freie gebracht werden.

Weiter hinten im Garten stehen mehrere schöne exotische Bäume, darunter eine Gruppe von Immergrünen Magnolien (*Magnolia grandiflora*) mit glänzenden lederartigen Blättern. Auch zwei Arten von Kampferbäumen finden sich hier, *Cinnamomum camphora* und *Cinnamomum glanduliferum*, deren Blätter einen feinen Duft abgeben, wenn man sie zerreibt. In der Nähe des Picknickplatzes stoße ich auf einen Urwelt-Mammutbaum (*Metasequoia glyptostroboides*) und zwei Kirschbäume (*Prunus subhirtella* 'Pendula rubra' und *Prunus lusitanica*).

Der Bambusgarten liegt 200 Meter über der Wasseroberfläche. Ich betrete ihn durch ein *Torii*, ein aus Lärchenholz gefertigtes japanisches Tor. Hier steht Zwergbambus zwischen vielen größeren Sorten, unter ihnen der riesige *Phyllostachys edulis* 'Bicolor' und *Phyllostachys pubescens* var. *heterocycla* 'Kikkochiku'.

Ich beschließe noch einen Blick auf die Kunstsammlung der Villa zu werfen, vor allem auf Francesco Hayez' Ölgemälde aus dem Jahr 1823, *Der letzte Kuss von Romeo und Julia*. Auch viele andere berühmte Künstler sind hier durch bemalte Decken, Gemälde und Statuen vertreten. Im Skulpturensaal bleibe ich fasziniert vor dem 1812 geschaffenen Marmorfries des Dänen Bertel Thorvaldsen stehen, das den Einzug Alexanders des Großen in Babylon darstellt.

Während des Ersten Weltkriegs wurde die Villa von der italienischen Regierung beschlagnahmt. Ursprünglich sollte sie als Pflegeheim für Veteranen dienen; stattdessen machte man ein Museum mit öffentlichem Park daraus. Der Garten legt Zeugnis vom Talent dreier Familien ab. Die Clericis erkannten die Einzigartigkeit dieses Ortes und legten den Barockgarten an, der Kunstliebhaber Sommariva schuf die Grundlagen für den romantischen Landschaftsgarten, und das Haus Sachsen-Meiningen fügte ein drittes Element hinzu – das botanische Paradies des heutigen Gartens.

ROMANTIK AM COMER SEE
ENTWURF VON CANONICA UND VILLORESI FÜR FRANCESCO MELZI D'ERIL, 1808–1810

Oben: Blick auf die Villa Melzi in Bellagio. Das Haus ist im klassizistischen Stil errichtet und von einem romantischen Landschaftsgarten mit gewundenen Pfaden und prachtvollen Ausblicken umgeben.

Gegenüber: Im Sommer spendet eine Platanenallee dem Besucher Schatten. Die oberen Äste wurden konsequent gekappt, damit sie den Blick über den See hinaus nicht beeinträchtigen.

Villa Melzi

Bellagio

Es ist später Nachmittag, und der spektakuläre Ausblick von der Hügelkuppe am östlichen Ufer des Comer Sees veranlasst mich, das Auto am Straßenrand abzustellen. Scharf umrissen steigen die schneebedeckten Berge aus dem See auf; die Landschaft liegt vor mir wie ein Aquarell in Blau-, Grau- und milchigen Weißtönen. Ich denke an all die Nordeuropäer, die im achtzehnten und neunzehnten Jahrhundert erwartungsvoll nach Italien reisten. Wie glücklich sie gewesen sein müssen, wenn sie schließlich den Comer See erreicht hatten, erschöpft von der schwierigen Alpenüberquerung – und dies war ihr erster Blick auf das lang erträumte Italien. Sie können kaum enttäuscht gewesen sein.

Ich bin unterwegs zur Villa Melzi südlich des Ortes Bellagio. Das Dorf liegt an dem Punkt, an dem die beiden „Beine" des umgekehrten „Y" zusammentreffen, das der Comer See bildet. Der lang gestreckte Garten ist sowohl von Bellagio als auch von Loppia aus zugänglich. Er wurde in den Jahren 1808–1810 nach Plänen des berühmten Architekten Giocondo Albertolli für Kanzler Francesco Melzi d'Eril angelegt. 1802 waren sowohl Melzi als auch sein Nachbar am gegenüber liegenden Ufer, Giambattista Sommariva, Kandidaten für das Amt des Vizepräsidenten der neu gegründeten Republik Italien gewesen. Die Rivalität der beiden Männer äußerte sich auch in ihrem Bestreben, einander bei der Schaffung eines prachtvollen Landsitzes zu übertrumpfen (siehe Seite 173). Die Villa Melzi gleicht einem kleinen Palast. Der charakteristische klassizistische Stil bedeutet auch eine Überwindung des prunkvollen Barock der Vergangenheit.

An diesem Frühlingstag Ende März assistiert Ludovico Melzi, ein direkter Nachfahre des Bauherrn, bei der Gartenarbeit. In braunem Gabardineanzug und einem Paar ausgetretenen Wanderschuhen jätet er in der Nähe des japanischen Teichs das Unkraut. Etwas außer Atem erklärt er mir, dass es schwierig sei, den Garten makellos instand zu halten, schon weil er sich als einziger in der Familie überhaupt für Gartenarbeit interessiere. Meist mit seiner Tätigkeit als Anwalt vollauf beschäftigt, hat er mehrere Teilzeitgärtner eingestellt. Früher einmal baute die Familie auf den

Ein kleines Gebäude am Ufer, das an einen türkischen Kiosk erinnert. Hier pflegte der Komponist Franz Liszt zu sitzen, wenn er zu Besuch in der Villa Melzi weilte. Im Vordergrund stehen blühende Azaleen.

Hängen über dem See Wein an, aber nachdem die Pflanzen mehrere Jahre hintereinander unter dem Frost gelitten hatten, musste der Weinberg aufgegeben werden, und der Garten wurde für Besucher geöffnet. Ludovico Melzi erklärt mir, dass der Weinbau nicht mehr rentabel sei, die seltenen und exotischen Pflanzen des Gartens jedoch von dem günstigen Mikroklima profitierten.

Der Comer See war schon im neunzehnten Jahrhundert ein beliebtes Erholungsgebiet. Vor allem die alteingesessenen Familien bauten ihre prachtvollen Villen zu aristokratischen Hotels um. Als Nächstes wurden Politiker, Schauspieler und andere Berühmtheiten aufmerksam und kamen, um sich in der frischen Luft zu erholen und ihresgleichen zu treffen. Die Fischerei, die einmal die wichtigste Einnahmequelle gewesen war, wurde von der Tourismusindustrie abgelöst. An den Ufern des Comer Sees war die Luft sauber, der leichte Wind war erfrischend, und der See wirkte in der Sommerhitze kühlend. Manche Besucher wagten sich sogar zu einem Bad ins Wasser – eine Mode, die sich von der englischen Südküste aus über ganz Europa ausgebreitet hatte, seit englische Ärzte das Baden im Meer zur Behandlung einer ganzen Reihe von Leiden empfohlen hatten.

Neben dem Haus breitet sich der romantische Landschaftsgarten mit seinen geschlängelten Pfaden und exotischen Pflanzen aus. Außer mir ist nur noch eine Hand voll weiterer Besucher unterwegs, als ich in der Nachmittagssonne umherschlendere. Die Bepflanzung ist wundervoll, und der Garten harmoniert vollkommen mit dem Haus, den Bergen ringsum und dem See. Obwohl ich weiß, dass jeder einzelne Quadratmeter sorgfältig geplant wurde, habe ich doch das Gefühl, dass die Gartenarchitekten Canonica und Villoresi die Souveränität besaßen, mit Zurückhaltung und Behutsamkeit vorzugehen.

Der Garten der Villa Melzi war in dieser Gegend der Erste im so genannten englischen Stil, und die landschaftliche Gestaltung muss sehr viel Muskelkraft erfordert haben. Riesige Erdmassen mussten bewegt werden, um die neuen Ausblicke und genau die richtigen perspektivischen Illusionen zu schaffen, die das Auge nach klassischen Vorgaben täuschen sollten. Ebene Flächen wurden zu sanft geschwungenen Hügeln; geplättelte Pfade wurden über felsigen Untergrund geführt. Die Hauptachse des Gartens reicht vom See bis zu einem Punkt hoch oben in den Hügeln, wodurch sich ein bezaubernd natürliches Gesamtbild ergibt. Ein Netz von Pfaden zieht sich durch den Park. Ich setze mich auf eine Bank und sehe hinaus über den klaren Bergsee mit den umliegenden Bergen. Eine Rotbuche (*Fagus sylvatica* 'Purpurea') und zwei glänzende Chilenische Honigpalmen (*Jubaea chilensis*) rahmen das Bild.

Der Hang zum Wasser hinunter ist stellenweise mit dichten Azaleenbüschen bedeckt; sie wurden Anfang des zwanzigsten Jahrhunderts gepflanzt, als man im großen Stil exotische Pflanzen einführte. Von Mitte April an sind die Azaleen der Villa Melzi drei bis vier Wochen lang

Der Japanische Teich ist von vielen exotischen Bäumen umgeben, darunter dieser Japanische Fächerahorn (*Acer palmatum*), dessen rostrote Krone sich im dunklen Wasser spiegelt.

geradezu begraben unter kirschroten, rosa und weißen Blüten. Dies ist der beste Zeitpunkt, um den Garten zu besuchen, möglichst am Spätnachmittag, wenn vereinzelt Sonnenstrahlen durch die Baumkronen fallen.

Am Ufer erhebt sich ein kleines, weißes, achteckiges Gebäude mit einer blauen Kuppel. Es wirkt recht exotisch mit seiner Dachhaube und den Bogenfenstern. Ist es ein Sommerhaus, ein griechischer Tempel, eine chinesische Pagode, ein Musikpavillon oder vielleicht ein türkischer Kiosk? Ich schlage die Definition von „Kiosk" nach und stelle fest, dass mit diesem Wort die kleinen offenen Gebäude mit Zwiebeldach beschrieben wurden, die im achtzehnten Jahrhundert als orientalisches Schmuckelement in englischen Gärten auftauchten. Und somit ist dies wohl ein türkischer Kiosk!

Einer der vielen regelmäßigen Besucher der Villa Melzi war der Komponist Franz Liszt, der häufig die Saison in Bellagio verbrachte. Auch der französische Schriftsteller Stendhal (mit bürgerlichem Namen Henri Beyle) kam hierher. Liszt pflegte in dem Kiosk am Ufer zu sitzen und zu komponieren; vielleicht ließ er sich von der in der Nähe stehenden Skulptur von Dante und Beatrice inspirieren, als er seine berühmte Dante-Sonate schrieb. Während des ganzen neunzehnten Jahrhunderts waren Theater und Drama in Mode, und folgerichtig ging man die Planung des Melzi-Gartens an wie die Inszenierung eines Bühnenstücks. Der Garten sollte unterschiedliche Stimmungen und Empfindungen hervorrufen; als die wichtigsten von ihnen galten Entzücken, Überraschung und Schrecken!

Japanische Fächerahorne (*Acer palmatum*) spiegeln sich rings um eine zierliche Brücke im Wasser. Hier treffe ich auch einen Küstenmammutbaum (*Sequoia sempervirens*) an. Ein Stück weiter finde ich einen Kampferbaum (*Cinnamomum camphora*) und gegenüber zwei exotische Kiefern, eine Emodi-Kiefer (*Pinus longifolia*) und eine mexikanische *Pinus montezumae*. Auf dem Hang oberhalb des Kiosks wächst ein robust wirkender Tulpenbaum (*Liriodendron tulipifera*) mit wunderschön geformten Blättern. Eine imposante Roteiche (*Quercus rubra*) wächst ein Stück weiter hügelaufwärts im Herzen des Gartens.

Ich schließe meinen Besuch mit einem Spaziergang durch eine Platanenallee ab, von der aus man über das stille Wasser hinaussehen kann; im Nachmittagslicht gleicht es einem silbrig-blauen Seidenteppich. Viele berühmte Leute sind bereits im Schatten dieser Platanen gewandelt. Eine häufige Besucherin, die viel Zeit in der Villa Melzi verbrachte, war Josephine, die Gemahlin Napoleon Bonapartes. Ihr Gatte wurde vom Vizepräsidenten der kurzlebigen Republik Italien, die nur von 1802 bis 1805 währte, nachdrücklich unterstützt. Und dieser war kein anderer als Kanzler Francesco Melzi d'Eril, der Schöpfer und erste Eigentümer der Villa Melzi. Das Anwesen ist noch heute im Familienbesitz.

Isola Madre

Lago Maggiore

Oben: Blaue Glyzinen beschatten eine Treppe, die zum See hinunterführt. Der größte Teil der Isola Madre ist mit üppiger Vegetation bedeckt.

Die Isola Madre, eine der Borromäischen Inseln im Lago Maggiore, ist ein Wunder der Natur. Das gemäßigte Mikroklima mit seinen feuchten Sommern und milden, sonnigen Wintern macht die 50 Hektar große Insel zu einem perfekten Standort, an dem Pflanzen aus aller Welt gedeihen können.

Gleich oberhalb der Anlegestelle neben der Kasse wächst ein wundervoller Chinesischer Liguster. Und wer jemals den Himalaja besucht hat, wird vielleicht die riesigen Rhododendronbüsche wieder erkennen, von denen der höchste es auf fünfzehn Meter bringt. Obergärtner Gianfranco Giustina, seinerseits volle zwei Meter groß, wirkt neben ihnen wie ein Zwerg.

Gianfranco arbeitet schon seit über zwanzig Jahren hier auf der Isola Madre. Er beschreibt die Entstehung der Insel und die Konsequenzen, die die ungewöhnliche Lage dieses Gartens mitten im See mit sich bringt. Gegen Ende der letzten Eiszeit änderte sich das Klima, so erklärt er; die Temperaturen stiegen, und das Eis schmolz. Der ungeheure Druck von Wasser und Eis ließen die Isola Madre entstehen. Aus den geologischen Strukturen am Grund des Sees kann man ableiten, wie die Felsen gegeneinander und aufwärts gedrückt wurden, bis sie als Insel über die Wasseroberfläche stiegen. Das günstige – weder zu kalte noch zu heiße – Klima der Isola Madre ist durch das umgebende Wasser bedingt. Den Sommer über speichert das Wasser des Sees die Wärme. Im Winter gibt es sie wieder ab; wärmere Temperaturen sind die Folge. Zudem reflektiert das Wasser das Licht der tief stehenden Sonne; so können Pflanzen auch während der Wintermonate gedeihen.

Im Jahr 1501 kaufte Graf Lancellotto Borromeo die Insel, deren Klima es ihm angetan hatte. Auf den Ruinen einer römischen Festung wurde ein schlichtes Haus errichtet, und zusätzlich zu den alten Olivenbäumen, die bereits auf der Insel wuchsen, wurde ein Obstgarten angelegt. Lancellotto brachte Orangen- und Zitronenbäume mit, die so weit im Norden ungewöhnlich sind, dazu Maulbeerbäume und Reben.

Unten: Der Rhododendrenwald weist viele Exemplare von 10 m Höhe und mehr auf.
Ganz unten: Die prachtvollen Schwanzfedern eines Pfaus im Garten der Isola Madre.
Gegenüber: Ein weißer Pfau präsentiert sich vor dem Hintergrund eines rosa blühenden Azaleenbuschs. Die weißen Pfauen sind zum Symbol der Borromäischen Inseln und der Stadt Stresa geworden.

Der Geograph Leandro Alberti zählt in seinem Buch *Descrizione di tutta l'Italia* auf, was 1550 auf der Insel wuchs: „550 Reben, 9 Walnussbäume, 4 Feigenbäume, 8 Olivenbäume, 2 Kastanienbäume, 2 Kirschbäume, 17 Quittenbäume, 8 Granatapfelbäume, 6 Apfelbäume" sowie „weitere kleine Pflanzen".

Lancellotto starb 1513, und Renato Borromeo I führte die Arbeiten weiter. 1583 beauftragte Graf Borromeo den berühmten Architekten Pellegrino Tibaldi mit dem Bau einer Renaissancevilla anstelle des einfachen Hauses. Das daraufhin geschaffene Bauwerk ist nach wie vor im Besitz der Familie Borromeo. Der Gartenplan wurde erst einige Jahrzehnte später aufgestellt – von keinem Geringeren als Angelo Crivelli, der auch für die ursprüngliche Gestaltung der Isola Bella verantwortlich zeichnete (siehe Seite 184). Ende des neunzehnten Jahrhunderts war der Garten dann in dem malerischen englischen Stil gestaltet, den man heute noch sieht.

Isola Madre ist ein Landschaftsgarten mit exotischen Pflanzen. Gianfranco Giusti zeigt mir die Afrikanische Allee, den Abschnitt, den man unmittelbar bei der Ankunft zu sehen bekommt; sie liegt im sonnigsten und bestgeschützten Teil des Gartens. Danach folgt die Kamelienterrasse, wo die empfindlichen Blumen schon seit 1830 im milden Wind gedeihen. Auch Bananenpflanzen, Rhododendren, zehn Sorten von Glyzinen, Magnolien, Hibiscus, Azaleen und Goldregen wachsen im Garten, außerdem Pampasgras (*Gynerium argenteum*), das im September hohe silberfarbene Wedel entwickelt. Wer sich für Palmen interessiert, sollte sich die Palmenallee ansehen, wo es eine 125 Jahre alte *Jubaea spectabilis* zu bewundern gibt.

Hinter jeder Ecke wartet eine Überraschung. Abgeschiedene Gartenräume öffnen sich auf offene Flächen hinaus. Flache Stufen führen vom Wasser hinauf in einen dichten Wald aus Rhododendren. Die Vielfalt der Pflanzen und Bäume bildet einen wunderbaren Kontrast zur eleganten Strenge der Isola Bella. Im Hof vor der anmutigen Loggia steht eine gigantische Zypresse. Die spektakuläre *Cupressus cashmiriana* ist der ganze Stolz der Familie und Gianfranco zufolge das größte Exemplar Europas. Auf der Rasenfläche stolziert eine weiße Pfauendame umher, als gehöre der Garten ihr. Sie ist bildschön – und sie weiß es.

Der Garten der Isola Madre gilt vielen als der schönste Italiens. Spezialisten aus dem Ausland kommen hierher, um die Pflanzen zu studieren, und auch Gianfranco ist viel unterwegs, um sein Wissen zu erweitern. Zu kaufen braucht er für den Garten kaum noch etwas – er tauscht Pflanzen mit botanischen Gärten in aller Welt.

DER SCHWIMMENDE BAROCKGARTEN
ENTWURF VON GIOVANNI ANGELO CRIVELLI, DANACH FRANCESCO CASTELLI, 1631–1671

Isola Bella

Lago Maggiore

Den besten Blick auf die Isola Bella hat man von einem Hubschrauber oder einem niedrig fliegenden Kleinflugzeug aus. Aus der Luft ist die Schiffsform der Insel deutlich zu erkennen, einschließlich der zehn Terrassen, die das abgeflachte „Achterdeck" bilden, und der Statuen, die beinahe winkende Matrosen oder Passagiere sein könnten. Das Erscheinungsbild gleicht dem einer Galeone des sechzehnten Jahrhunderts oder vielleicht auch dem eines altmodischen Ausflugsschiffs. Vielleicht hatten sich Graf Carlo Borromeo III und sein Architekt Angelo Crivelli von den Berichten über die beiden riesigen Privatboote des Kaisers Caligula inspirieren lassen, die einstmals im Lago di Nemi bei Rom vor Anker lagen. An Bord dieser Schiffe müssen die Gäste sich während der heißen Sommertage und -nächte in der kühlenden Seebrise wohl ebenso amüsiert haben, wie später auf der Isola Bella.

Oben: Aus der Ferne gleicht die Isola Bella einem riesigen Vergnügungsboot. Der pyramidenförmige Garten erstreckt sich über zehn Terrassen.

Gegenüber oben: Auf der unteren Terrasse bilden Blumen das Wort *Humilitas* zu Ehren Carlo Borromeos, eines Heiligen und Asketen des sechzehnten Jahrhunderts. Er widmete sich der Krankenpflege und der Kirchenreform, und sein Motto *Humilitas* wurde in das Familienwappen aufgenommen.

Gegenüber unten: Der Garten verfügt über reichen Statuenschmuck, darunter auch Verkörperungen der vier Elemente Feuer, Erde, Luft und Wasser. Das Feuer ist hier als ein kräftiger Mann dargestellt, der einen Pfeil in der Hand hält.

Die Insel ist mit dem Boot von mehreren Orten am Seeufer aus zu erreichen. Ich gehe in Pallanza an Bord einer Fähre, und kurz darauf legen wir in dem winzigen Hafen des Dorfes unmittelbar unterhalb des Borromeo-Palastes an. Der Garten ist nur über den prunkvollen barocken Palast zu erreichen. Der Bau ist eindrucksvoll, gemessen an der Größe der Insel aber etwas überdimensioniert. Von einem Fenster im Obergeschoss aus entdecke ich einen Rasen, auf dem Blumen das Wappen der Familie Borromeo bilden. Von einem nach Südosten blickenden Schlafzimmer aus ist die Nachbarinsel Isola Madre zu sehen. Hier erwachte eines Morgens der große Eroberer Napoleon Bonaparte nach einem weiteren Triumph in einer Reihe gewonnener Schlachten, die schließlich zu seinem Sieg bei Venedig am 12. Mai 1791 führen sollten.

Carlo Borromeo III war Gouverneur des ganzen Gebiets um den Lago Maggiore. Er erbte die Borromäischen Inseln und nannte eine davon zu Ehren seiner Gattin, Isabella d'Adda, Isola Isabella; der Name wurde später zu Isola Bella abgekürzt. 1631 verpflichtete Carlo den Architek-

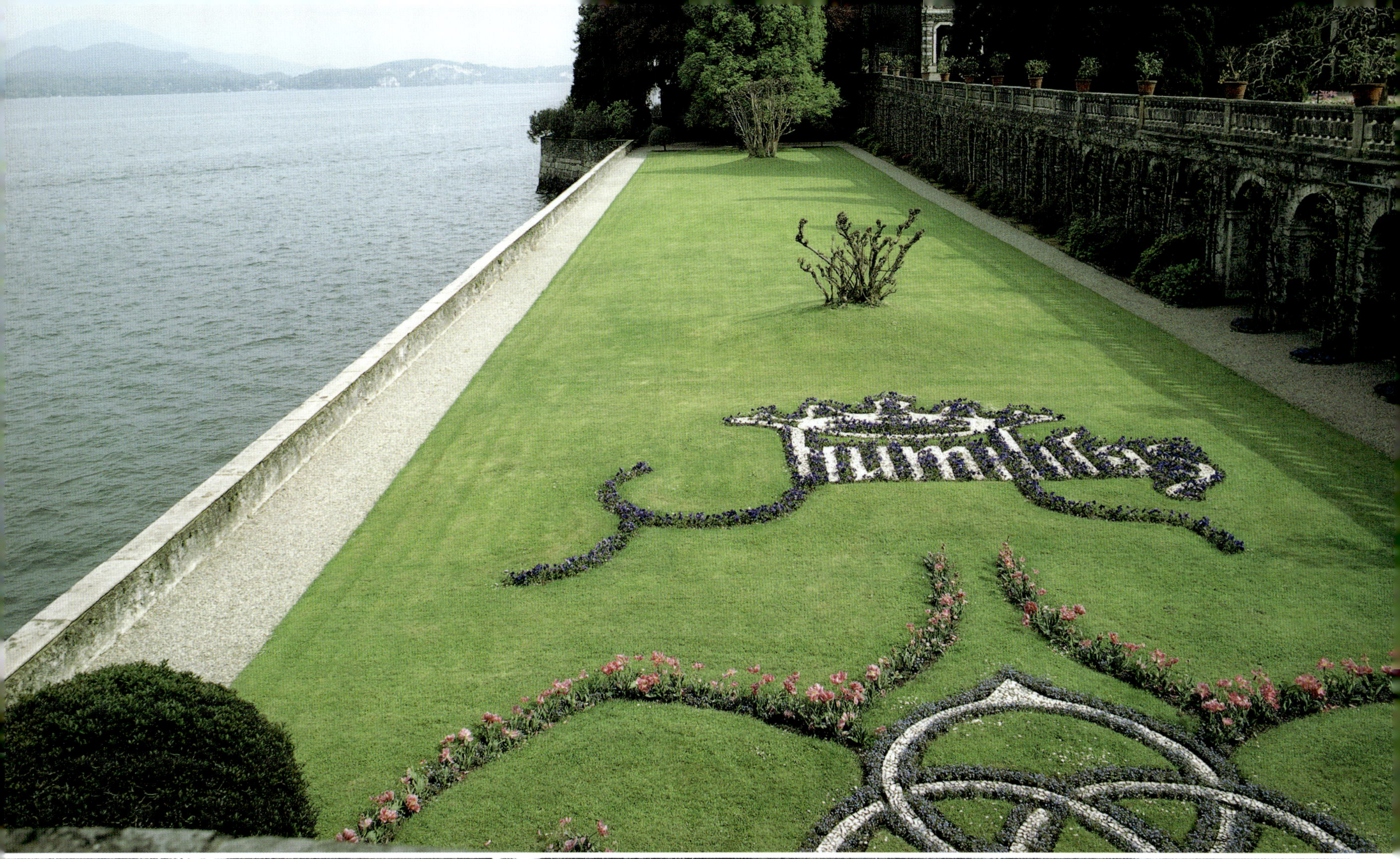
Humilitas
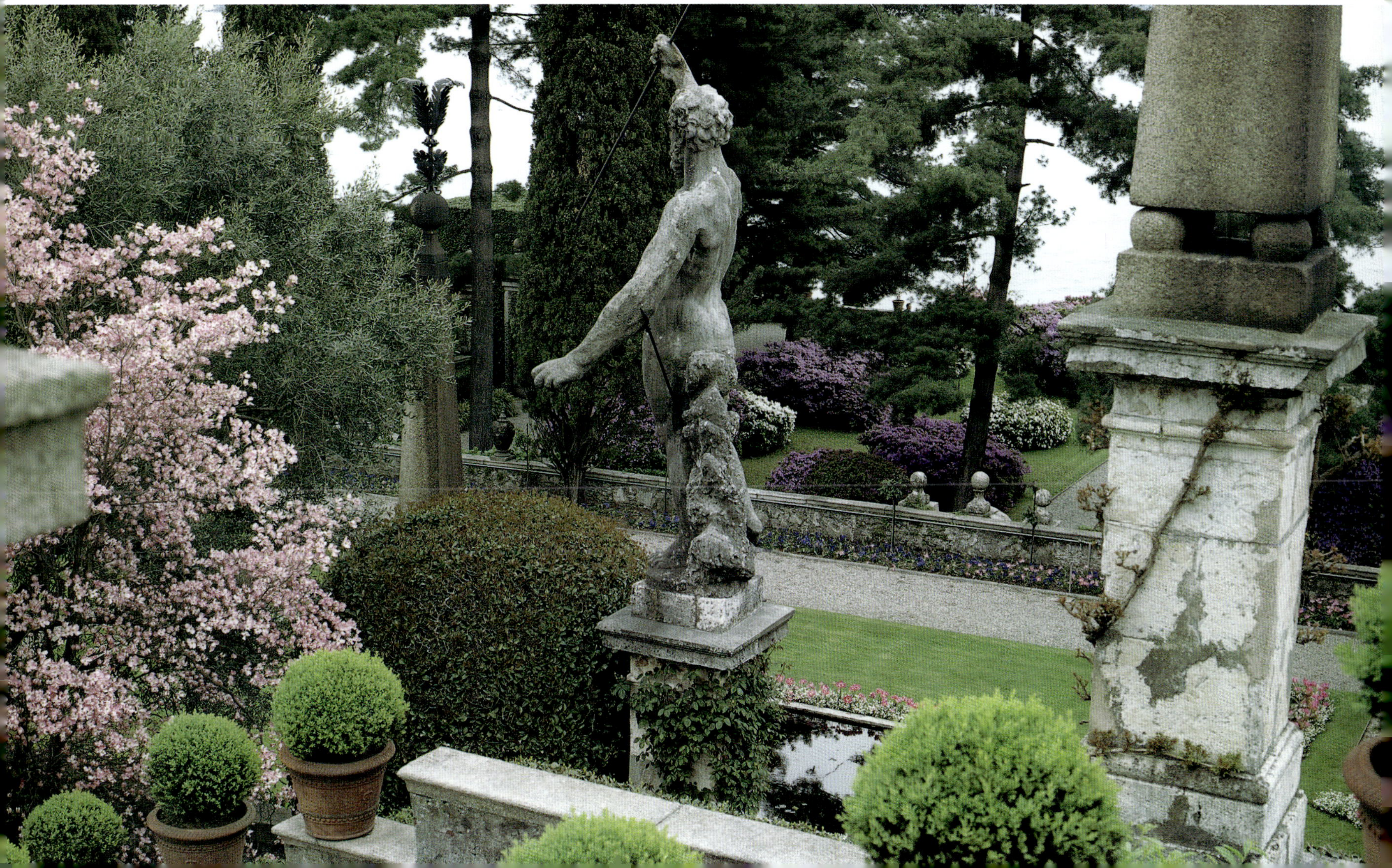

ten Angelo Crivelli und gab ihm einem Brief in den Familienarchiven zufolge den Auftrag, eine Architektur zu schaffen, die „elegant anzusehen sowie behaglich und liebenswert für den Bewohner ist".

Weder Carlo selbst noch Angelo Crivelli sollten die Fertigstellung des Gartens im Jahr 1671 erleben. Carlos Sohn Vitaliano Borromeo VI, dessen undeutbar lächelndes Konterfei im Medaillensaal des Palastes hängt, gilt als der eigentliche Schöpfer des Gartens. Bevor er um 1650 die Verantwortung für das Anwesen übernahm, hatte er bereits eine abwechslungsreiche Laufbahn als Offizier, Diplomat und Autor moralphilosophischer Schriften hinter sich. Er entwickelte Crivellis Pläne weiter und stellte den Architekten Francesco Castelli sowie zahlreiche weitere Fachleute ein, etwa den Architekten Carlo Fontana und den bekannten römischen Ingenieur Mora Toreggio, der für die Wasserspiele verantwortlich war. Zudem warb er eine große Zahl von Handwerkern an – Maurer, Steinmetze, Zimmerleute, Maler und Architekten. Sie waren die nächsten dreißig Jahre mit dem Garten beschäftigt.

Vitaliano baute auf dem auf, was sein Vater bereits geschaffen hatte. Für die Unterbauten und Terrassen musste Stein aus den Bergen rings um den See per Schiff auf die Insel gebracht werden. Vitaliano schaffte auch Dekorationsstücke wie Statuen, Obelisken, Balustraden und riesige Urnen heran. Aus den Briefen im Familienarchiv geht hervor, dass Vitalianos Bruder Gilbero III den Fortgang der Arbeiten aufmerksam verfolgte und ständig Verbesserungsvorschläge machte. So schrieb er, die Statuen sollten überlebensgroß sein, damit sie auf ihren Sockeln von jedem Punkt des Gartens aus sichtbar wären. Figuren mit Szeptern in den Händen wurden in den Ecken der oberen Terrassen aufgestellt, dazu mit Federbüschen gekrönte Obelisken.

Die größte Überraschung mögen die Grotten sein; ihresgleichen habe ich noch nie im Leben gesehen. Vitaliano ließ in den Gewölben unterhalb des Palastes sechs Grotten anlegen und mit aufwändigen Mosaiken aus Kieseln in verschiedenen Schwarz- und Weißschattierungen auslegen. Sie erinnern an die Nymphäen der Antike, jene künstlichen, den Nymphen geweihten Grotten, die in den Gärten der Renaissance und des

Barock so beliebt waren. An heißen Tagen ist es erfrischend, im kühlen Halbdunkel umherzuschlendern und das Dekor aus Meeresmotiven zu betrachten: Muscheln, Korallen, Meergottheiten, Delphine und Meeresschildkröten. In einer der Grotten schläft Venus, die Göttin der Liebe und der Schönheit, auf einem Bett aus Marmor und Walnussholz.

Der Garten wurde im barocken Stil geplant, mit geometrischen Formen, Formschnittbäumen und einer Bepflanzung, die von französischen Broderieparterres inspiriert war, dazu kamen Marmorstatuen und künstlerisch gestaltete Springbrunnen. Aber in einer Hinsicht unterscheidet sich die Anlage von Isola Bella grundlegend von anderen formalen Gärten der Zeit. Der Hauptweg des Gartens, die Mittelachse, verläuft nicht gerade, sondern hat in der Mitte der Insel einen scharfen Knick, der dem unregelmäßigen Gelände Rechnung trägt. Auf einem Plan ist dies offensichtlich; an Ort und Stelle ist es kaum zu erkennen. Die Gartenarchitekten haben den Knick – er befindet sich an der Stelle, an der man vom Palast aus den Garten betritt – geschickt verhüllt. In einem Atrium mit einer Dianastatue ändert eine Doppeltreppe fast unmerklich die Richtung des Pfades und damit die Achse des Gartens.

Das aus grauem Granit, Tuffstein, flintsteinartigen schwarzen Kieseln und Kalkzement erbaute Teatro Massimo, ein halbkreisförmiges Wassertheater mit mehreren Stufen, bildet den Abschluss der oberen Terrassen. In den Nischen stehen zahlreiche Marmorstatuen, die man für die Matrosen und Passagiere des Schiffes halten könnte, das die Insel bildet. Oder man interpretiert sie als allegorische Figuren aus der Mythologie, einem Lieblingsthema des siebzehnten Jahrhunderts. Unter dem Teatro Massimo befindet sich eine große Zisterne, die den Garten mit Wasser versorgt.

Vor dem Theater stolzieren Pfauen auf dem Rasen auf und ab. Auf den Köpfen tragen sie elegante Federkronen, die Schwanzfedern haben sie aufgestellt, und ich höre ihre charakteristischen schrillen Schreie. Der seltene weiße Pfau wurde im siebzehnten Jahrhundert aus Südostasien nach Europa gebracht, um hernach die Parks der Aristokraten zu zieren. Und die Borromeos trugen entscheidend dazu bei, Pfauen in der Umgebung des Lago Maggiore bekannt zu machen.

Von der obersten Terrasse aus hat man einen prachtvollen Blick über den ganzen Garten hin. Im Süden, im Heck des Schiffes, liegt der Liebesgarten mit seinem hübschen Vier-Viertel-Arrangement aus Buchsbaumparterres. Die Terrassen sind durch Spaliere verbunden, an denen Zitronen- und Zedernbäume, Rosen und Oleander wachsen; während des Winters erhalten die Zitronen und Zedern transportable Gewächshäuser, die sie vor der Kälte schützen.

Die Isola Bella lässt sich mit nichts auf der Welt vergleichen – mit Ausnahme der ägyptischen Pyramiden vielleicht. Eine gewisse Ähnlichkeit ist nicht zu bestreiten.

Fürstin Bona Borromeo, eine direkte Nachfahrin der Gartengründer, hat mir die Symbolik des Teatro Massimo erklärt. Ganz oben auf der Pyramide reitet eine kolossale Allegorie der Ehre auf dem Rücken eines Einhorns; dies ist das Emblem der Familie Borromeo. Sie wird flankiert von Allegorien der Kunst und der Natur. In der mittleren Nische steht ein aus Tuffstein gehauener Riese, eine Verkörperung des Verbano (Lago Maggiore); er herrscht über die Allegorien der Flüsse Ticino und Toce, die bequem auf ihren Wasserschläuchen ruhen. Eine Stufe tiefer sitzt Diana, von zwei Nymphen flankiert. Gerahmt wird das Figurenarrangement von vier Obelisken und von Allegorien der vier Elemente.

Der botanische Garten am Lago Maggiore
Das Werk von Neil Boyd McEacharn, 1931–1940

Villa Taranto

Pallanza

Eines Morgens, als der sechsundvierzigjährige Captain Neil Boyd McEacharn am Frühstückstisch saß und wie üblich die *Times* las, stieß er auf eine Anzeige, die sein Leben verändern sollte. Zum Verkauf stand das Anwesen La Crocetta am Lago Maggiore in Italien; Interessierte sollten sich mit ihren Anfragen an den Marquis Sant'Elia wenden. In diesem Augenblick fand Captain McEacharn, der künftige Schöpfer der Villa Taranto, seine Berufung – und die Idee eines botanischen Gartens in Italien war geboren.

Die Villa Taranto nimmt die nordöstliche Ecke der Castagnola-Halbinsel in Pallanza ein. Der glitzernde See ist nicht weit entfernt, obwohl man das Wasser nur von manchen Stellen des Gartens aus sehen kann. Mein Besuch fällt in die letzten Apriltage, und das Tulpenfest ist in vollem Gang. Um diese Jahreszeit sind die Gärten der Villa Taranto am schönsten. Die 80 000 Zwiebelgewächse, die von den Gärtnern gesetzt wurden, stehen in Blüte. Die Tulpen liefern einen wahren Farbenrausch, während die Mimosen ihren betörenden Duft hinzufügen. Mir kommt der Gedanke, dass das genetische Signal bei Tulpen einer bestimmten Sorte unglaublich stark sein muss, um sie die Blüten zu exakt der gleichen Zeit öffnen zu lassen. Vor allem eine prachtvolle Pflanzung von hochroten Tulpen vor dem Hintergrund eines Springbrunnens erregt meine Bewunderung. Weiter hinten liegt das Mausoleum, in dem Captain McEacharn neben seinem Freund, dem Anwalt Cappelletto, begraben ist.

1940 war nach zehn Jahren harter Arbeit der erste Garten vollendet. Der Plan ähnelt dem eines englischen Landschaftsgartens. Der Besucher fühlt sich eingeladen, den geschlängelten, von exotischen Bäumen gerahmten Pfaden zwischen Hügeln und kleinen Tälern zu folgen. Der Garten der Villa Taranto beherbergt Zehntausende von Pflanzen, Sträuchern und Bäumen auf einem Gelände von sechzehn Hektar Größe. Tausende von Arten sind nicht in Italien heimisch,

La Valletta – ein Tal mit einer Wiese voller Wildblumen und einer kleinen Brücke –
muss Captain McEacharn an die schottischen Landschaften seiner Kindheit erinnert haben.

Oben: Ein Beet mit gleichmäßig angeordneten hochroten Tulpen vor einem eleganten Springbrunnen. Im Hintergrund hinter den Bäumen sind weitere farbenprächtige Tulpenbeete zu erkennen.

Gegenüber: Eine moderne Wassertreppe mit untereinander angeordneten Becken ist von geometrisch geformten Beeten umgeben. Sie werden je nach Jahreszeit mit unterschiedlichen Blumen bepflanzt.

sondern wurden von Captain McEacharn aus der ganzen Welt importiert. In einem Gewächshaus ruht die empfindliche *Victoria cruziana*, eine südamerikanische Seerose, auf der Wasseroberfläche. Während ihrer Blütezeit im Juni und Juli kann sie einen Durchmesser von zwei Metern erreichen.

Die insgesamt sieben Kilometer langen Pfade führen an unterschiedlichen Landschaftstypen und Pflanzgruppen vorbei. Ich schlage einen bergaufwärts führenden Pfad ein und entdecke einen wundervollen Ort, das romantische *Valletta* – ein kleines Tal mit einer Brücke und einer Wiese voll scheinbar naturbelassener Wildblumen. Ein Blick unter der Brücke im römischen Stil hindurch in den Garten hinunter zeigt mir weiß und rosa blühende Azaleen und Rhododendren.

Die Villa in der Mitte des Gartens ist sichtbar, Besuchern aber nicht zugänglich; sie beherbergt heute die Präfektur der neuen Provinz Verbano-Cusio-Ossola.

Schließlich stoße ich auf eine moderne Wassertreppe. Zwischen zwei Becken rauscht das Wasser abwärts; sie sind von Gras und Tausenden von Tulpen in den verschiedensten Farben umgeben. Die Beete sind streng rechteckig geschnitten, und die Tulpen scheinen alle in exakt dem gleichen Abstand voneinander gepflanzt worden zu sein. Im Juli werden die Tulpen durch einjährige Pflanzen ersetzt – Zinnien, Astern, Nelken und so weiter. In der Nähe liegt ein nierenförmiges Becken, das einer einzelnen Seerosenart gehört; ein weiteres Becken enthält Lotosblumen. Die Vielfalt unter den Blumen in diesem Teil des Parks ist auffallend, und es gibt viele Pflanzungen mit bestimmten Themen. Auf den Bänken ringsum sitzen Besucher, trinken Kaffee und essen Eis. Kinder klettern in dem ungewöhnlichen, ursprünglich aus China stammenden Taschentuchbaum (*Davidia involucrata*) herum. Er wurde 1938 gepflanzt und hat es in den seither vergangenen 65 Jahren auf eine stattliche Größe gebracht.

Während des Zweiten Weltkriegs ging Captain McEacharn nach Australien, aber nach dem Friedensschluss kehrte er zurück. Er wollte den Garten nach seinem Tod erhalten wissen, hatte aber keine Erben, und so vermachte er ihn 1939 dem italienischen Volk. Seit 1952 ist der Garten der Öffentlichkeit zugänglich.

Villa Taranto zeigt sich das ganze Jahr über wunderschön, aber die Tulpenblüte im April und Mai bildet den Höhepunkt des Gartenjahres. Auch die japanischen Magnolien sind im April atemberaubend. Ende Juli, wenn die über 300 Dahliensorten ihre vielfältigen und farbenprächtigen Blüten öffnen, findet die jährliche Blumenschau statt. Die Dahlien blühen bis in den Oktober; dann wird der Garten den Winter über geschlossen.

Villa Cicogna Mozzoni

Bisuschio

Die Villa Cicogna Mozzoni liegt in dem Dorf Bisuschio südlich des Luganer Sees in unmittelbarer Nähe der Berge. Wie viele lombardische Villen des fünfzehnten Jahrhunderts war auch sie ursprünglich ein Jagdhaus, von dem aus Jagdgesellschaften zur Bärenhatz in die umliegenden Wälder aufbrachen. Als Angela, die einzige Erbin der Familie Mozzoni, Mitte des sechzehnten Jahrhunderts Giovan Pietro Cicogna heiratete, ließ ihr Vater Ascanio das Landhaus zu einer Renaissancevilla umbauen.

Vom Innenhof mit seiner reich verzierten Loggia aus erreicht man einen Senkgarten. Er besteht aus zwei quadratischen Buchsbaumparterres und rechteckigen, von Balustraden umgebenen Fischteichen mit Springbrunnen. Einige Stufen höher liegt die nächste Terrasse – und das untere Ende der steilen Wassertreppe. Obwohl hier kein Wasser mehr fließt, ist die Treppe nach wie vor eindrucksvoll. Zu ihrer Zeit bot sie zudem einen Blickfang von den Fenstern der Wohnräume aus. Dort brachte man in den sechziger Jahren des sechzehnten Jahrhunderts täuschende Illusionsmalerei an, die mit ihren Blumengirlanden, Früchten und beschnittenen Bäumen an die Fresken der Villa Farnesina in Rom erinnert.

Hoch oben auf der Hügelkuppe am oberen Ende der Wassertreppe zeichnet sich ein kleiner Pavillon gegen den Himmel ab. Von hier aus hat man einen prachtvollen Blick über das Städtchen und die umliegende Landschaft. Im Hintergrund ist zwischen den Bäumen das glitzernde Wasser des Luganer Sees zu erkennen.

Oben: Am Hang oberhalb des Gartens findet sich die Wassertreppe aus dem sechzehnten Jahrhundert. Eine Zypressenallee lenkt den Blick zu dem Pavillon auf der Hügelkuppe hinauf. Heute fließt kein Wasser mehr die Treppe hinunter, aber zu ihrer Zeit war sie eine der berühmtesten ihrer Art in ganz Italien.

Links: Der Blick von der Hügelkuppe reicht über die Stadt Bisuschio und die umliegende Landschaft bis hin zu einer Ecke des Luganer Sees. Der Senkgarten liegt versteckt hinter dichten Hecken und einer Balustrade.

193

Ein Traum von klassischen Gärten
Geschaffen von Silvio della Valle di Casanova und Sofia Browne, 1896–1916

Villa San Remigio

Pallanza

Oben: Die unwirkliche Atmosphäre der Orangerien, die früher einmal die Zitrusbäume beherbergten, wird bestimmt von üppigem Grün und Kletterfeigen.

Gegenüber: Blick hinauf zu dem palastartigen Haus und den von Jasmin überwucherten Terrassen. Obelisken, hohe Bäume und beschnittener Buchs vereinen sich zu einer Idealvorstellung des klassischen Gartens.

Die Villa San Remigio ist weder so bekannt noch so herrschaftlich wie die benachbarte Villa Taranto, aber sie hat eine sehr romantische Geschichte. Die Geschichte des Gartens begann Anfang des neunzehnten Jahrhunderts, als die Kutsche der irischen Familie Browne in der Nähe von Pallanza einen Unfall hatte. Während man darauf wartete, dass die Reparaturen abgeschlossen wurden, entdeckten die Brownes die bezaubernde Bergkapelle San Remigio mit ihren prachtvollen Fernblicken über den Lago Maggiore, und die Töchter der Brownes überredeten ihren Vater dazu, das Anwesen zu kaufen.

Als junge Frau verliebte sich Mr. Brownes Enkelin Sofia, eine Künstlerin, in ihren Vetter Silvio della Valle di Casanova, der seinerseits Dichter und Komponist war. Sie heirateten im Jahr 1896. Ihr Traum war es, den Landsitz von Sofias Großvater zu einem klassischen, eleganten italienischen Garten umzugestalten. Sie legten auf dem steilen Hang Terrassen an und teilten den Garten in verschiedene Bereiche mit jeweils unterschiedlicher Atmosphäre auf. Es gab Gartenräume mit den Themen Traurigkeit, Glück, Erinnerung und Geruchssinn sowie einen *hortus conclusus*. Das ganze künstlerische Talent der beiden fand seinen Ausdruck in dieser Gartenanlage, vom Einsatz der Farbe bis zur Auswahl der Brunnen und Skulpturen.

Silvio und Sofia beschäftigten vierzig Gärtner; heute allerdings sind es nur noch vier, die für den gesamten Garten zuständig sind. Riesige Rhododendren und Azaleen wachsen hier neben exotischen Bäumen wie der vor hundert Jahren gepflanzten *Cryptomeria japonica*. Die Terrassenmauern sind mit duftendem Falschem Jasmin überzogen. In den stimmungsvollen, heute aufgegebenen Orangerien, in denen einstmals Zitrusbäume überwinterten, wachsen üppig grüne Frauenhaarfarne und Kletterfeigen.

Die Villa San Remigio ist der beste Ort für das Ende dieser Reise durch die Geschichte italienischer Gärten. Sie ist eine romantische Interpretation des klassischen italienischen Gartens; sie verkörpert alles, was der Nordeuropäer sich vielleicht vorstellt, wenn er von Italien träumt. Von Villa und Garten geht der Blick über den See, die umliegenden Wälder und zu den Bergen hin; Skulpturen stellen die Götter und Göttinnen der Antike dar. In dieser Vision eines Gartens sind die Lage und der Ausblick ebenso wichtig wie die Pflanzen selbst.

Adressen und Öffnungszeiten

Man sollte sich unbedingt vor einem geplanten Besuch mit dem jeweiligen Garten oder aber der örtlichen Touristeninformation in Verbindung setzen, denn die nachfolgend angegebenen Öffnungszeiten können sich ändern. Viele Gärten sind montags geschlossen, manche schließen auch an Feiertagen – oder haben gerade dann länger geöffnet. Der Eintrittspreis liegt in der Regel zwischen zwei und zwölf Euro; bei manchen Gärten ist der Eintritt auch frei. Genießen Sie den Ausflug, aber bitte behandeln Sie die Gärten rücksichtsvoll. Die meisten sind Privatbesitz und erhalten keinerlei finanzielle Unterstützung von staatlichen oder anderen Stellen.

Email: info@villadestetivoli.info
Website www.villadestetivoli.info
Das ganze Jahr über geöffnet außer an den wichtigsten Feiertagen.

5. Villa Borghese
Piazza Scipione Borghese 5
00197 Roma
Tel. 06 85304242
Website www.villaborghese.it
Der Park der Villa Borghese ist täglich geöffnet. Führungen durch die Giardini segreti von April bis Oktober an ausgewählten Vormittagen.

6. Sacro Bosco, Villa Orsini
01020 Bomarzo (VT)
Tel. 0761 924029
Ganzjährig geöffnet.

7. Giardini della Landriana
loc. Tor San Lorenzo
Via Campo di Carne 51
00040 Ardea
Tel. 039 6081551 / 06 91014140
(Handy) 333 2266855
Email info@landriana.com
Website www.giardinidellalandriana.it
Geöffnet von April bis Oktober jeweils am Wochenende. Gruppen und Schulklassen auch unter der Woche; Anmeldung erforderlich.

LATIUM

1. Hadriansvilla
(Villa Adriana)
Via Villa Adriana 204
00019 Tivoli (Roma)
Tel. 0774 382733 / 530203
Das ganze Jahr über geöffnet außer an den wichtigsten Feiertagen.

2. Villa Lante
Via J. Barozzi 71
01031 Bagnaia (VT)
Tel. 0761 288008
Das ganze Jahr über geöffnet außer an Feiertagen. Führungen im Halbstundentakt.

3. Giardino di Ninfa
Via Ninfina
04010 Doganella di Ninfa (Latina)
Tel. 0773 633935 / 354241
Email: giardini-ninfa@libero.it
oder fondazione.caetani@libero.it
Geöffnet von April bis Oktober jeweils am ersten Wochenende und dritten Sonntag des Monats. Nur Führungen; englischsprachige Führer müssen im Voraus angefordert werden. Gruppenbesuche auch außerhalb der offiziellen Öffnungszeiten.

4. Villa d'Este
Piazza Trento 1
00019 Tivoli (Roma)
Tel. 0774 332920

8. Villa Farnese
Piazza Farnese
01032 Caprarola (VT)
Tel. 0761 646052
Geöffnet täglich am Vormittag; an Feiertagen längere Öffnungszeiten.

9. Castello Ruspoli
Piazza della Repubblica 9
01039 Vignanello (VT)
Tel. 0761 755338
Email castelloruspoli@libero.it
Geöffnet von April bis Oktober an
Sonn- und Feiertagen. Im Juli und
August Anmeldung erforderlich.

10. San Liberato
loc. San Liberato
Via Settevene Palo 33 (km 20)
00062 Bracciano (Roma)
Tel. 06 9988343 / 99805460

Email info@sanliberato.it
Website www.sanliberato.it
Geöffnet von April bis Oktober
jeweils am ersten und letzten
Sonntag des Monats, im November am ersten und zweiten Sonntag des Monats. Im August und an
Feiertagen geschlossen. Gruppen
nach vorheriger Anmeldung willkommen.

11. Palazzo Patrizi
Castel Giuliano
00062 Bracciano (Roma)

Tel. 06 9987399 / 99802530
Geöffnet von April bis Oktober.
Anmeldung erforderlich außer
während des Rosenfestes (meist
am dritten Maiwochenende).

12. Orto Botanico
Lago Cristina di Svezia 24
Trastevere 00165 Roma
Tel. 06 6864193
Täglich außer sonntags und mon-
tags geöffnet, im August geschlos-
sen. Die Gewächshäuser sind nur
vormittags geöffnet.

13. Villa Aldobrandini
Via G. Massaia 18
00044 Frascati (Roma)
Tel. 06 9426887
Geöffnet jeden Vormittag außer
am Sonntag (nur Garten).
Anmeldung erforderlich; die
Genehmigung kann bei der
Touristeninformation eingeholt
werden (EPT, Piazza Marconi 1,
Frascati, Tel. 06 9420331).

KAMPANIEN

1. La Mortella
Via F. Calise 39
80075 Forio
Ischia (NA)
Tel. 081 986220 / 081 986237
Email mortella@pointel.it
Website www.ischia.it/mortella
Geöffnet von April bis Oktober
jeweils am Dienstag, Donnerstag,
Samstag und Sonntag. Jeden
Samstag und Sonntag finden im
Musiksaal Nachmittagskonzerte
statt. Führungen auf Wunsch.

2. Il Tritone
Via Marina Grande 5
80067 Sorrento (NA)
Tel. 06 6865152
Email ritavessichelli@tiscali.it
Ganzjährig geöffnet, Anmeldung
erforderlich.

3. Palazzo Reale
Viale Dohuet 2/A
81100 Caserta
Tel. 0823 448084 / 277380
Email reggiacaserta@tin.it / caser-
ta@arethusa.net
Ganzjährig geöffnet, auch an
Feiertagen. Montags geschlossen.

4. Villa Cimbrone
Via Santa Chiara 26
84010 Ravello (SA)
Tel. 089 857459 / 089 858072
Website www.villacimbrone.com
Ganzjährig geöffnet.

5. Palazzo Rufolo
Piazza Vescovado
84010 Ravello (SA)
Tel. 089 857657 / 857669
Ganzjährig geöffnet.

6. Villa San Michele
Viale Axel Munthe
80071 Anacapri (NA)
Tel. 081 8371401
Website www.sanmichele.org
Ganzjährig geöffnet.

7. Wassergarten Negombo
Baia S. Montano
80076 Lacco Ameno
Ischia (NA)
Tel. 081 986152 / 986055
Email negombo@negombo.it
Website www.negombo.it
Ganzjährig geöffnet für Besucher
der Thermalbäder.

8. Klostergarten Santa Chiara
Via Benedetto Croce
80121 Napoli
Tel. 081 5526209
Ganzjährig geöffnet.

9. Minerva-Garten
(Il Giardino della Minerva)
Vicolo F. Sanseverino 25
84100 Salerno
Tel. 089 2586214

Dieser kleine Garten ist nicht
leicht zu finden. Man erreicht ihn
über die Via Torquato Tasso, vier
Häuserblocks oberhalb der Villa
Comunale (Rathaus). Ganzjährig
am Dienstag, Donnerstag und
Samstag sowie an Feiertagen
geöffnet.

TOSKANA

1. Villa Gamberaia
Via del Rosselino 72
50135 Firenze-Settignano
Tel. 055 697205
Email villagam@tin.it
Website www.villagamberaia.com
Ganzjährig geöffnet. Führungen
nach Voranmeldung.

2. La Foce
Strada della Vittoria 61
53042 Chianciano Terme (Siena)
Tel. 0578 69101
Email info@lafoce.com
Website www.lafoce.com
Nur am Dienstagnachmittag
geöffnet. Unter der Woche können
nach Voranmeldung Gruppenbesu-
che organisiert werden, eventuell

auch mit Mittagessen oder Tee im
Garten.

3. Villa Castello
loc. Castello
Via di Castello 47
50141 Firenze
Tel. 055 454791 (Portiersloge)
Ganzjährig geöffnet, auch an
Feiertagen, mit Ausnahme des
zweiten und dritten Montags im
Monat. Eintrittspreis berechtigt
auch zum Besuch der Villa Petraia.

4. Villa Cetinale
Sovicille
53018 Siena
Tel. 0577 311147
Geöffnet nach Voranmeldung an
Vormittagen unter der Woche.

5. Villa Reale
Via Villa Reale
55014 Marlia (Lucca)
Tel. 0583 30108 / 30009
(nur zur Buchung von Führungen)
Email info@parcovillareale.it
Website www.parcovillareale.it
Geöffnet von März bis November
täglich außer montags. In den
übrigen Monaten nur Gruppenfüh-
rungen nach Voranmeldung

6. Venzano
Mazzolla
56048 Volterra (PI)
Tel. 0588 39095
Email venzano@sirt.pisa.it
Website www.venzanogardens.com
Geöffnet 1. März bis 15. Dezember
jeweils von Donnerstag bis Sonntag.

7. Gärten von Pietro Porcinai
Nur nach Voranmeldung. Anfragen
an Cassetta Postale 106, Ufficio
postale di Firenze succursale 36,
50135 Firenze.

8. Villa Petraia
loc. Castello
Via della Petraia 40
50141 Firenze
Tel. 055 452691
Ganzjährig geöffnet, auch an Feiertagen, außer am zweiten und dritten
Montag des Monats. Der Eintrittspreis berechtigt auch zum Besuch
der Villa Castello.

9. Villa I Tatti
Via di Vincigliata 26
50135 Firenze
Tel. 055 603251
Email info@itatti.it
Website www.itatti.it
Nur sehr eingeschränkt zugänglich;
nur nach Voranmeldung.

10. Der Tarotgarten
(Giardino dei Tarocchi)
58100 Garaviccio Capalbio
Tel. 0564 895122 / 896635
Website www.nikidesaintphalle.com
Geöffnet jeden Nachmittag von
1. Mai bis 16. Oktober. Besuche von
Gruppen (mindestens 25 Teilnehmer)
können auch außerhalb der üblichen
Öffnungszeiten organisiert werden.

11. Boboli-Gärten
(Giardino di Boboli)
Piazza Pitti 1
50125 Firenze
Tel. 055 294883 / 2340444
(für Führungen)
Ganzjährig geöffnet, auch an Feier-
tagen, außer am ersten und letzten
Montag jedes Monats.

12. Parco di Demidoff
loc. Pratolino
Via Fiorentina 6
50030 Vaglia (FI)
Tel. 055 409155 / 409427
Email r.bartolini@provincia.fi.it
Geöffnet April bis September jeweils
von Donnerstag bis Sonntag und an
Feiertagen, im März und Oktober nur
an Feiertagen.

13. Villa Mansi
55018 Segromigno
Monte (LU)
Tel. 0583 920234
Email info@villamansi.it
Website www.villamansi.it
Geöffnet täglich außer Montag.
Gruppen nach Voranmeldung.

14. Villa Garzoni
Via Castello 1
51014 Collodi Pescia (PT)
Tel. 0572 429590
Bitte informieren Sie sich telefo-
nisch über die Öffnungszeiten

15. Villa Vicobello
Viale Ranuccio Bianchi Bandinelli 14
Strada di Vicobello
53100 Siena
Tel. 0577 248574
Email margherita@vicobello.it
Nur nach Voranmeldung.

16. Carla Fineschi-Rosengarten
(Roseto Botanico 'Carla Fineschi')
Fondazione Roseto Botanico
52022 Cavriglia (AR)
Tel. 055 966638
Email info@rosetofineschi.org
Website www.rosetofineschi.org
Besonders empfehlenswert ist ein

Besuch zur Rosenblüte im Mai
oder Juni. Voranmeldung nicht
erforderlich.

17. Vignamaggio
Via Petraolo 5
50022 Greve
Tel. 055 854661
Email info@vignamaggio.com
Website www.vignamaggio.com
Ganzjährig geöffnet für Gäste des
Hotels Villa Vignamaggio. Andere
Besucher sollten an der Rezeption
um die Erlaubnis bitten, den Gar-
ten zu besichtigen.

18. Der Irisgarten
(Giardino dell'Iris)
Piazzale Michelangelo
Firenze
Tel. 055 483112 (Società Italiana
dell'Iris)
Email segretaria@irisfirenze.it
Website www.irisfirenze.it
Geöffnet vom 2.–20. Mai; danach
bis zum 5. Juni nur nach Voran-
meldung. Weitere Informationen
erhalten Sie bei der Società Italia-
na dell'Iris unter der oben ange-
führten Telefonnummer oder
Emailadresse. Sie können mit der
Gesellschaft auch unter folgender
Adresse Kontakt aufnehmen:
Via Bolognese 17, 50139 Firenze.

Venetien

1. Giardino Giusti
Via Giusti 2
37129 Verona
Tel. 045 8034029
Ganzjährig geöffnet.

2. Orto Botanico
Via Orto Botanico 15
35123 Padua
Tel. 049 656614
Email ortobotanico@uni.pd.it
Geöffnet von April bis Oktober.

3. Parco Sigurtà
Via Cavour 1
36067 Valeggio sul Mincio (Verona)
Tel. 045 6371033
Email info@sigurta.it
Website www.sigurta.it
Geöffnet von März bis November

4. Villa Rizzardi
loc. Poiega
Via Verdi 4
37011 Bardolino / Negrar (Verona)
Tel. 045 7210028
Email mail@guerrieri-rizzardi.com
Website www.guerrieri-rizzardi.it
Geöffnet von April bis Oktober.
Führungen für Gruppen (mindes-
tens 20 Teilnehmer) mit Wein- und
Olivenprobe nach Voranmeldung.

5. Villa Barbaro
Strada Comunale Bassanse
31010 Maser (Treviso)
Tel. 0423 923004
Email villadimaser@tvol.it
Website www.villadimaser.it
Geöffnet an Wochenenden und
Feiertagen; im Sommer auch mittwochs geöffnet; Gruppen (mindestens zwanzig Teilnehmer) werden
nach Voranmeldung auch unter
der Woche eingelassen. Geschlossen vom 24. Dezember bis 6. Januar und zu Ostern.

6. Palazzo Querini Stampalia
Campo Santa Maria Formosa
(Castello 5252)
30122 Venezia
Tel. 041 5203433 / 2711411
Email Fondazione@
querinistampalia.org
Website
www.querinistampalia.it
Täglich geöffnet außer
Montag.

LIGURIEN

1. Villa Hanbury
Corso Montecarlo 43
18038 loc. La Mortola
Ventimiglia (Imperia)
Tel. 0184 229507
Email hanbury@tiscalinet.it
Website www.amicihanbury.com
Geöffnet täglich und ganzjährig,
Ausnahme: von November bis
März mittwochs geschlossen.

2. Villa Durazzo Pallavicini
Via Pallavicini 11–13
16155 Genoa-Pegli
Tel. 010 6982865 / 6982776 (Gruppenbuchungen)
Ganzjährig geöffnet außer montags. Gruppen nach Voranmeldung.

3. Abtei La Cervara
Via Cervara 10
(über Lungomare Rossetti)
16038 Santa Margherita Ligure
(GE)
Tel. 800 652110
Email visite@cervara.it
Website www.cervara.it

Geöffnet (nur Führungen) von
März bis Oktober jeweils am
ersten und dritten Sonntag des
Monats. Gruppen (mindestens 30
Teilnehmer) werden nach Voranmeldung auch unter der Woche
eingelassen.

LOMBARDEI UND PIEMONT

1. Villa Balbianello
Via Comoedia
22016 Lenno
Tel. 0344 56110
Garten von April bis Oktober täglich außer Montag und Mittwoch
geöffnet, zusätzlich an Feiertagen
geöffnet. Zugang zu Fuß oder mit
dem Boot (an bestimmten Tagen).

2. Villa Carlotta
Via Regina 2
22019 Cadenabbia (CO)
Tel. 0344 40405
Email entevillacarlotta@tin.it
Website www.villacarlotta.it
Von April bis September täglich

geöffnet. Führungen nach Voranmeldung. Der Garten ist zu Fuß
und mit dem Boot erreichbar
(Landeplatz in Tremezzo).

3. Villa Melzi
22021 Bellagio
Loppia (CO)
Tel. 031 951281
Von 27. März bis 31. Oktober täglich geöffnet (nur Garten). Das
Anwesen ist von Bellagio und von
Loppia aus zugänglich.

4. Isola Madre
28050 Isola Madre (VB)
Tel. 0323 31261
Geöffnet von März bis Oktober.
Der Garten ist mit dem Boot zu
erreichen.

5. Isola Bella
28050 Isola Bella (VB)
Tel. 0323 30556
Geöffnet von März bis Oktober.
Der Garten ist mit dem Boot zu
erreichen.

6. Villa Taranto
Via V. Veneto 111 Taranto
28922 Verbania-Pallanza (VB)
Tel. 0323–556667
Email entevillataranto@tin.it
Website www.villataranto.it
Geöffnet von April bis Oktober.

7. Villa Cicogna Mozzoni
Piazza Cicogna 8
21050 Bisuscio (VA)
Tel. 0332 471134
Email eleopaa@tin.it
Website www.villacicognamazzoni.it
Geöffnet von April bis Oktober
sowie an Sonn- und Feiertagen im
restlichen Jahr. Führungen täglich
nach Voranmeldung.

8. Villa San Remigio
Via S Remigio 19
28922 Verbania-Pallanza (VB)
Tel. 0323 503249 / 556669
Nur nach Voranmeldung.

2115 *Spluga*)(

Ortles
3905

▲*4049*

Bormio

Verbano-Cusio-
Domodossola

L. Maggiore

Sondrio

3539

Monte Rosa
4637 ▲

-Ossola

Verbania

L. di Como

Adamello ▲

4+5   6+8

1 2
3

7

Varese

Lecco

Como

Bergamo

L O M B A R D I A

L. di Garda

○**Biella**

Ivrea

Novara

◎**Milano**

Brescia

Vercelli

Ticino

Oglio

Casale
Monferrato

Lodi

Susa

Po

Torino

◎**Pavia**

Adda

Cremona

Mantova

P i e m o n t e

Voghera

Po

Pinerolo

Po

Asti

Alessandria

M. Viso
3841 ▲

Saluzzo

Alba

Mondovì

Cuneo

1908
)(
Tenda

Ausgewählte Literatur

Hier folgt eine Auswahl von Büchern über die Gärten Italiens. Interessierten Lesern, die mehr über das Thema erfahren möchten, könnten sie möglicherweise weiterhelfen. Manche Titel sind zur Zeit jedoch vergriffen und werden nicht wieder aufgelegt.

Marella Agnelli: *Verzauberte Welten: Italienische Gärten und Villen.* Busse + Seewald, Herford 1988

Isabella Barisi, Marcello Fagiolo und Luisa Madonna: *Villa d'Este.* De Luca Editori d'Arte, Rom 2003.

Jane Brown: *Der moderne Garten: Gartengeschichte des 20. Jahrhunderts.* Ulmer, Stuttgart 2002

Alberta Campitelli: *Villa Borghese.* Istituto Poligrafico Zecca dello Stato, Rom 2003.

Giulia Caneva, Lorenza Bohuny: „Botanical Analysis of the Villa of Livia's Painted Flora", in: *Journal of Cultural Heritage* 4, II, April 2003.

Annamaria Ciarallo: *Gardens of Pompeii.* J. Paul Getty Trust Publications, Los Angeles 2002.

David R. Coffin: *The Villa d'Este at Tivoli.* Princeton University Press, Princeton 1960.

Francesco Colonna: *Hypnerotomachia Poliphili: The Strife of Love in a Dream.* Thames and Hudson, London 2003.

Niki De Saint-Phalle: *Der Tarot-Garten.* Benteli, Bern 1999.

Pierre de la Ruffinière Du Prey: *The Villas of Pliny from Antiquity to Posterity.* University of Chicago Press, Chicago und London 1994.

Marcello Fantoni, Heidi Flores, John Pfordresher (Hg.): *Cecil Pinsent and his Gardens in Tuscany.* Edifir Edizioni Firenze, Florenz 1996.

Cyril M. Harris (Hg.): *Illustrated Dictionary of Historic Architecture.* Dover Publications, New York 1977.

Allan Klynne, Peter Liljenstolpe: „Prima Porta: Investigating the Gardens of the Villa of Livia", in *Journal of Roman Archaeology* 13, 2000.

Claudia Lazzaro: *The Italian Renaissance Garden.* Yale University Press, New Haven und London 1990.

Georgina Masson: *Italienische Gärten.* Droemer Knaur, München 1961.

Milena Matteini: *Pietro Porcinai: Architetto del Giardino e del Paesaggio.* Electa, Mailand 2004.

Iris Origo: *Goldene Schatten: aus meinem Leben.* C. H. Beck, München 2000.

Patricia J. Osmond (Hg.): *Revisiting the Gamberaia: An Anthology of Essays.* Centro Di Libri, Florenz 2004.

Russell Page: *The Education of a Gardener.* Harvill Press, London 1995.

Andrea Palladio: *Die vier Bücher zur Architektur: nach der Ausgabe Venedig 1570.* Birkhäuser, Basel 1993.

John C. Shepherd, Geoffrey A. Jellicoe: *Italian Gardens of the Renaissance.* Princeton Architectural Press, Princeton 1993.

Gabrielle Van Zuylen, Marina Schinz: *The Gardens of Russell Page.* Steward Tabori & Chung bei Harry N. Abrams (HNA), New York 1995.

Wharton, Edith: *Italian Villas and Their Gardens.* Da Capo Press, New York 1988.

Register

Kursive Seitenzahlen beziehen sich auf Bildunterschriften.

Dank und Bildnachweis

DANK

An erster Stelle möchte ich dem Architekten Bengt Rönnhedh (MSA) (SAR) danken. Er hat ganz erheblich dazu beigetragen, mein Interesse an der Gartenarchitektur zu wecken. (Während unserer gemeinsamen römischen Recherchen war Bengt Forschungsstipendiat des Schwedischen Instituts in Rom, wo er von 1999 bis 2000 Architekturgeschichte und Baudenkmalpflege am Beispiel der italienischen Villa studierte.) Er hat als Berater an diesem Projekt mitgewirkt, und ich bin ihm für seine Unterstützung sehr dankbar.

Auch bei Tina Engström möchte ich mich bedanken, die das Buch sehr professionell vom Schwedischen ins Englische übersetzt hat. Ihre botanischen Kenntnisse (sie ist zugleich eine ausgebildete „Blue Badge"-Führerin für Gärten in Großbritannien) haben diesem Buch eine zusätzliche Dimension gegeben.

Mein Dank geht auch an:

– den Fotografen Åke E:son Lindman,

– den Landschaftsarchitekten Thorbjörn Andersson,

– die Mitarbeiter des Schwedischen Instituts in Rom (Istituto Svedese di Studi Classici in Roma): Professor Anne-Marie Leander Touati (die ehemalige Leiterin), Stefania Renzetti, Margareta Ohlson Lepscky, Professor Barbro Santillo Frizell (Leiterin), Associate Professor Börje Magnusson, Allan Klynne, Pia Letalick, Astrid Capoferro und alle anderen Angestellten,

– die Bibliothek der American Academy in Rom,

– meine Familie – Maj, Lars, Pelle und Lil Larås – und meine hilfsbereiten Freunde,

– Anna Andersson und das Tourismusbüro des Staates Italien in Stockholm,

– Madeleine Wulfsson, Brita Carlens, Carla Magnusson, Cecilia Klynne,

– Landschaftsarchitekt AgrD Kjell Lundqvist, Prof. Giorgio Galletti (Experte für Medici-Villen), Prof. Elsa M. Cappelletti (Orto Botanico), Lena Landgren (Expertin für römische Botanik),

sowie an das Verlagshaus Frances Lincoln Ltd. in London und vor allem an Anne Fraser, Becky Clarke und die Redakteure Jo Christian und Fiona Robertson. Vielen Dank für eure Geduld und Professionalität.

Schließlich gilt meine Dankbarkeit den Besitzern der Gärten in Italien, die ihre Privatgrundstücke der Öffentlichkeit zugänglich gemacht haben. Vielen Dank für all die harte Arbeit, die Sie in die Pflege und Erhaltung dieses bedeutenden europäischen Kulturerbes investieren.

BILDNACHWEIS

AKG-Images/Erich Lessing: Seite 12–13.

Ann Larås: Seite 4 links, 4 rechts, 5 mitte, 5 rechts, 9, 10, 14, 17, 18–19, 26, 27, 29, 30, 32, 33, 34–5, 36, 38, 39, 40, 41, 43, 44, 45, 46, 47, 50, 52, 53, 61, 62, 65, 66, 67, 69, 91 oben rechts, 92, 94, 95, 98, 99, 100–101, 108, 109, 110, 111, 112, 114, 115, 118, 119, 120, 121, 122, 123, 124, 125, 126, 127, 128, 129, 130, 131, 132, 133, 135, 136, 137, 138, 139, 145 oben, 145 unten, 147, 149, 150, 151, 153, 156–7, 158, 159, 161, 162, 163, 164–5, 166, 169, 171, 172, 175, 176, 177, 179, 180, 181, 182, 183, 184, 185, 186, 188–9, 190, 191, 192, 193, 194, 195.

Åke E:son Lindman: Seite 1, 2, 4c, 5 links, 20, 22 rechts, 23, 24, 48–9, 54, 55, 56, 57, 58, 59, 70–1, 72–3, 74, 75, 77, 78, 80, 81, 82, 83, 84–5, 86, 87, 88, 89, 91 oben links, 91 unten links, 91 unten rechts, 93, 102–103, 105, 107, 116, 117, 140–1, 142, 145 mitte, 154, 155.

Negombo Archives: Seite 96.

Privatsammlung: Seite 15, 22 links, 37, 42, 96, 104, 144, 146.

© 2005 Touring Editore, Milano: Seite 6, 7, 196, 197, 198, 199, 200, 201.

Umschlagfotos von Åke E:son Lindman
Originalausgabe:
Die englische Originalausgabe erscheint 2005 unter dem Titel *Gardens of Italy* bei Frances Lincoln Limited, 4 Torriano Mews, Torriano Avenue, London NW5 2RZ (GB).
©Text: Ann Larås, 2005
© Bilder: Ann Larås und Åke E:son Lindman, 2005 (s. auch Bildnachweis)

Deutsche Ausgabe:
Bibliografische Information Der Deutschen Bibliothek
Die Deutsche Bibliothek verzeichnet diese Publikation in der Deutschen Nationalbibliografie; detaillierte bibliografische Daten sind im Internet über http://dnb.ddb.de abrufbar.

© 2005 Eugen Ulmer KG
Wollgrasweg 41, 70599 Stuttgart (Hohenheim)
Internet: www.ulmer.de
Lektorat: Sabine Hesemann, Hermine Tasche
Herstellung: Ulla Stammel
DTP: Satz+Layout Fruth GmbH, München
Gedruckt und gebunden in Singapur

ISBN 3-8001-4818-8